新課程対応版

高卒認定ワークブック

公共

付録：日本国憲法条文集

編集・制作：J-出版編集部

J-出版

もくじ

第1章　現代の人間と文化

第2章　現代の国家と民主政治

第3章　現代の経済と国民の福祉

第4章　現代の世界と人類の課題

付　録

高卒認定試験の概要

高等学校卒業程度認定試験とは？

　高等学校卒業程度認定試験（以下、「高卒認定試験」といいます）は、高等学校を卒業していないなどのために、大学や専門学校などの受験資格がない方に対して、高等学校卒業者と同等以上の学力があるかどうかを認定する試験です。合格者には大学・短大・専門学校などの受験資格が与えられるだけでなく、高等学校卒業者と同等以上の学力がある者として認定され、就職や転職、資格試験などに広く活用することができます。なお、受験資格があるのは、大学入学資格がなく、受験年度末の3月31日までに満16歳以上になる方です（現在、高等学校等に在籍している方も受験可能です）。

試験日

　高卒認定試験は、例年8月と11月の年2回実施されます。第1回試験は8月初旬に、第2回試験は11月初旬に行われています。この場合、受験案内の配布開始は、第1回試験については4月頃、第2回試験については7月頃となっています。

試験科目と合格要件

　高卒認定試験に合格するには、各教科の必修の科目に合格し、合格要件を満たす必要があります。合格に必要な科目数は、「理科」の科目選択のしかたによって8科目あるいは9科目となります。

教　科	試験科目	科目数	合格要件
国語	国語	1	必修
地理歴史	地理	1	必修
	歴史	1	必修
公民	公共	1	必修
数学	数学	1	必修
理科	科学と人間生活	2 または 3	以下の①、②のいずれかが必修 ①「科学と人間生活」の1科目および「基礎」を付した科目のうち1科目（合計2科目） ②「基礎」を付した科目のうち3科目（合計3科目）
	物理基礎		
	化学基礎		
	生物基礎		
	地学基礎		
外国語	英語	1	必修

※このページの内容は、令和5年度の受験案内を基に作成しています。最新の情報については、受験年度の受験案内または文部科学省のホームページを確認してください。

本書の特長と使い方

　本書は、高卒認定試験合格のために必要な学習内容をまとめた参考書兼問題集です。高卒認定試験の合格ラインは、いずれの試験科目も 40 点程度とされています。本書では、この合格ラインを突破するために、「重要事項」「基礎問題」「レベルアップ問題」というかたちで段階的な学習方式を採用し、効率的に学習内容を身に付けられるようにつくられています。以下の 3 つの項目の説明を読み、また次のページの「**学習のポイント**」にも目を通したうえで学習をはじめてください。

▌重要事項

　高卒認定試験の試験範囲および過去の試験の出題内容と出題傾向に基づいて、合格のために必要とされる学習内容を単元別に整理してまとめています。まずは、ここで基本的な内容を学習（確認・整理・理解・記憶）しましょう。その後は、「基礎問題」や「レベルアップ問題」で問題演習に取り組んだり、のちのちに過去問演習にチャレンジしたりしたあとの復習や疑問の解決に活用してください。

▌基礎問題

　「重要事項」の内容を理解あるいは暗記できているかどうかを確認するための問題です。この「基礎問題」で問われるのは、各単元の学習内容のなかでまず押さえておきたい基本的な内容ですので、できるだけ全問正解をめざしましょう。「基礎問題」の解答は、問題ページの下部に掲載しています。「基礎問題」のなかでわからない問題や間違えてしまった問題があれば、必ず「重要事項」に戻って確認するようにしてください。

▌レベルアップ問題

　「基礎問題」よりも難易度の高い、実戦力を養うための問題です。ここでは高卒認定試験で実際に出題された過去問、過去問を一部改題した問題、あるいは過去問の類似問題を出題しています。また、「重要事項」には載っていない知識の補充を目的とした出題も一部含まれます。「レベルアップ問題」の解答・解説については、問題の最終ページの次のページから掲載しています。

表記について 〈高認 R. 1-2〉 = 令和元年度第 2 回試験で出題

〈高認 H. 30-1 改〉 = 平成 30 年度第 1 回試験で出題された問題を改題

学習のポイント

　高卒認定試験の「公共」において出題される問題は、大きく２つに分類することができます。「資料やデータの読み取りに関する問題」（読み取り問題）と「知識が問われる問題」（知識問題）です。以下に、どちらのタイプの問題にも対応できるよう学習のポイントを記しますので、これにしたがって適切な学習を行い、合格を勝ち取りましょう！

読み取り問題と知識問題に対する学習のしかた

❶ 資料やデータの読み取りに関する問題（読み取り問題）

　第１章第１節の「グラフ・表の読み方」を学習して、読み取り問題に対応するうえで必要となる知識をひととおり習得しましょう。読み取り問題は文章量が多いため、知識問題に比べて慣れが必要となります。過去問などを通して問題演習を行って、さまざまなタイプの問題に慣れたうえで本番を迎えるようにしましょう。

❷ 知識を問われる問題（知識問題）

　本書では、とくに重要な用語や頻出単語は赤字になっています。これらを優先的に覚えつつ、知っている用語をすこしでも多く増やして試験に臨みましょう。知識分野の問題は範囲が広いため、まずは第１章から第４章の４つの章のうち、２つの章で用語の知識についての自信をもつことができるよう学習を進めてみてください。

「関連用語」と「参考」マークについて

関 連 用 語

　その単元の内容や項目に関連する用語をまとめています。赤字部分だけでなく、この関連用語も併せて覚えるようにしましょう。

参 考

　その単元の内容や項目に関するトピックを補足事項として取り上げています。頻出事項ではありませんので、余裕があれば目を通しておきましょう。

第1章
現代の人間と文化

1. グラフ・表の読み方

「公共」の試験問題では、グラフや表について正確な読み取りができるかどうかが問われる問題が多く出題されます。各グラフの形式や特徴、どのようなことが読み取れるのかを学んで、得点アップにつなげていきましょう。

Hop｜重要事項

さまざまなグラフを見てみましょう！

　グラフや表というのは、データや統計などの数値や割合を視覚的にわかりやすく表現したものです。ただ、グラフや表は、ある目的からわかりやすく表現されていますが、どのような形式のグラフが用いられているか、またどのように表記されているかによって、読み取れることと読み取れないことがありますので注意してください。

　まず、グラフや表を具体的に見ていく前に、各グラフと表の用途を下にまとめていますので、ざっと目を通して確認してください。その後で、それぞれのグラフや表の具体的な形、表記のしかた、基本的な読み取り方を学習していきましょう。

≪ 各グラフと表の用途 ≫

- ⦿ 円グラフ …… 各項目の全体のなかでの構成比（割合）を見るときに用いる
- ⦿ 帯グラフ …… 各項目の構成比（割合）を比較するときや変化を見るときに用いる
- ⦿ 折れ線グラフ …… 時系列で数や量の連続的変化を見るときに用いる
- ⦿ 棒グラフ …… 棒の高さで数や量を表現して、その高さで大小を比較するときに用いる
- ⦿ レーダーチャート …… 複数の項目をまとめて見るときやそのバランスや傾向、特徴などを見るときに用いる
- ⦿ 表（表組み）…… 複数の項目における数や量、情報などを整理して提示するときや数や量、情報を比較するときに用いる

円グラフ

円グラフでは、各項目の全体のなかでの割合（％）を読み取ることができます。

例：A会社の社員の通勤時の交通手段

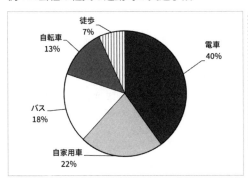

｜ 読み取ってみよう！
- 電車を利用している割合は40％つまり4割で最も多い
- 徒歩以外が9割を超えている

｜ ここに注意！
- 割合はわかるが、実際の数はわからない

帯グラフ

帯グラフでは、各項目の割合（％）の変化を読み取ることができます。

例：現在の生活に対する満足度　男性

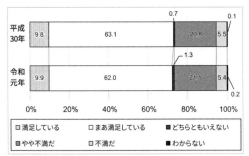

内閣府「国民生活に関する世論調査」
（平成30年・令和元年）より作成

｜ 読み取ってみよう！
- 平成30年は、生活に「まあ満足している」と答えた割合は63.1％だが、令和元年では62.0％に減少している

｜ ここに注意！
- 割合はわかるが、実際の数（人数）はわからない
- 同じ項目のデータを比較するときは、グラフの色や補助線を参考にする

折れ線グラフ

折れ線グラフでは、時系列で連続したデータの推移を見ることができます。

例：ある小学校の動物飼育数

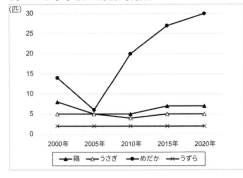

｜ 読み取ってみよう！
- うずらの飼育数は変わっていない
- めだかは2005年に5匹まで減ったが、その後は一貫して増加している
- 2010年のめだかの飼育数は20匹、鶏は5匹である

表（表組み）

表では、複数ある項目の数値からさまざまな情報を読み取ることができます。

例：情報通信機器の保有状況（%）

	2011年	2014年	2017年	2020年
固定電話	83.8	75.7	70.6	68.1
FAX	45.0	41.8	35.3	33.6
スマートフォン	29.3	64.2	75.1	86.8
パソコン	77.4	78.0	72.5	70.1
タブレット型端末	8.5	26.3	36.4	38.7
インターネットに接続できる携帯型音楽プレイヤー	20.1	18.4	13.8	9.8

総務省「令和3年度版情報通信白書」より作成

▌読み取ってみよう！

- 固定電話の保有率は2011年から2020年にかけて一貫して減少している
- パソコンの保有率は2014年まで増加していたが、その後は減少している

棒グラフ

棒グラフは数値を量的に見ることができ、比較したり、変化を確認したりすることができます。

例：主な国の産業用ロボット稼働台数（千台）

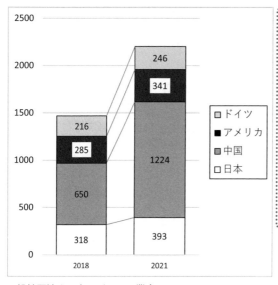

▌読み取ってみよう！

- 縦軸は数値（千台）、横軸は年代を表している
- ドイツ、アメリカ、中国、日本のデータを見ることができる
- 2021年の上記4か国の合計は約2,200千台である。うち日本は393千台である
- 2018年と2021年のグラフを見ると、いずれの国も2018年と比較して数値が増加している

一般社団法人日本ロボット工業会
統計データ「世界の産業用ロボット稼動台数推定」（2022年）より作成

レーダーチャート

　レーダーチャートは、複数の項目を同じ尺度で見ることができ、各項目のバランスや全体的な傾向を図形の形状で把握することができます。

例：〇さんの成績表（5段階評価）

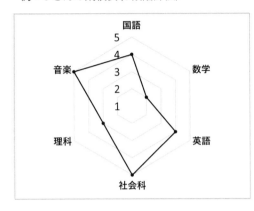

| 読み取ってみよう！
・このレーダーチャートは各項目を5段階で表しており、最も外の線は「5」を示す
・成績は社会科と音楽が「5」である
・最も評価が低いのは、数学の「2」である

🖋 過去の試験で出題されたグラフを見てみましょう！

　試験問題では、さまざまなグラフや表が使われ、それらが組み合わされて出題されます。まずは時間がかかってもよいので、データを正確に読み取る練習をしましょう。

Step 1 グラフのタイトルを確認する

　次のページにある問題には3つのグラフがあります。どのグラフの数値を読み取ればよいのかを必ず確認しましょう。選択肢の文章中において「グラフ1によると」というように、見るグラフを指示されることもあります。

Step 2 データを正確に読み取る

　データの単位は30%、5ポイント、10人など、さまざまな単位があるので注意しましょう。

Step 3 問題用紙に積極的に書き込みをして判断する

　見間違いを防ぐために、選択肢の文章やグラフなどから読み取った箇所は〇で囲ったり線を引いたりしましょう。

【問】以下のグラフを読み取り、次のページのア・イのうち適切なものを一つ選べ。

〈高認 R. 2-2 改〉

● タイトルを必ず確認！

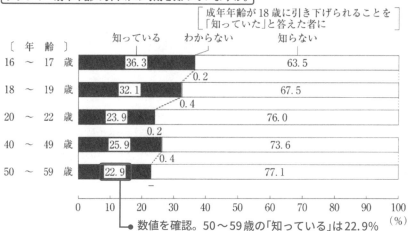

グラフ1　成年年齢の引下げの時期を知っていますか。

「成年年齢が18歳に引き下げられることを」「知っていた」と答えた者に

● 数値を確認。50～59歳の「知っている」は22.9%

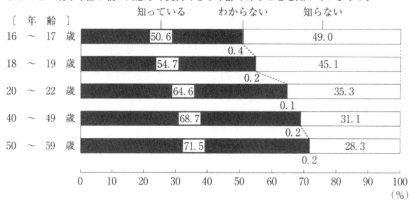

グラフ2　成年年齢が親の同意なく契約できる年齢であることを知っていますか。

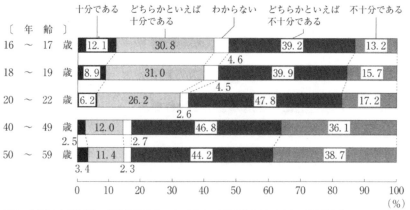

グラフ3　成年年齢の引下げに向けた環境整備の取組は十分だと感じていますか。

(注)　グラフ1とグラフ3の数値は四捨五入しているため，合計値が100にならない場合がある。

(平成30年度　内閣府「成年年齢の引下げに関する世論調査」により作成)

ア　成年年齢引下げの時期については、「知らない」と答えた人の割合は、20～22歳の層に比べると40～49歳、50～59歳の年齢層の方が大きい。^{*1}また、成年年齢が親の同意がなくても契約できるということを、「知らない」と答えた人の割合は、16～17歳、18～19歳については50％を超えている。^{*2}

イ　成年年齢引下げの時期については、「知っている」と答えた人の割合は、16～17歳、18～19歳については30％を超えて、^{*3}20～22歳と40～49歳、50～59歳については30％未満である。^{*4}また、成年年齢が親の同意がなくても契約できるということを、「知っている」と答えた人の割合はどの年齢層も50％を超えている。^{*5}

各部分の判断の仕方

＊1 ➡ グラフ1の「知らない」の項目を見て判断する

20～22歳＝76.0％、40～49歳＝73.6％、50～59歳＝77.1％

➡　20～22歳より40～49歳のほうが小さいため不適切

＊2 ➡ グラフ2の「知らない」の項目を見て判断する

16～17歳＝49.0％、18～19歳＝45.1％

➡　いずれも50％を超えていないため不適切

＊3 ➡ グラフ1の「知っている」の項目を見て判断する

16～17歳＝36.3％、18～19歳＝32.1％

➡　いずれも30％を超えているため正しい

＊4 ➡ グラフ1の「知っている」の項目を見て判断する

20～22歳＝23.9％、40～49歳＝25.9％、50～59歳＝22.9％

➡　いずれも30％未満であるため正しい

＊5 ➡ グラフ2の「知っている」の項目を見て判断する

16～17歳＝50.6％、18～19歳＝54.7％、20～22歳＝64.6％、
40～49歳＝68.7％、50～59歳＝71.5％

➡　いずれも50％を超えているため正しい

上記のように、文章を区切って考えるとわかりやすいですよ！
この問題の正答は「イ」ですね！

（　　）問中（　　）問正解

■ 次のグラフ1について、各問の空欄に当てはまる語句をそれぞれ一つずつ選びなさい。

グラフ1　脳死または心停止下で臓器提供の意思

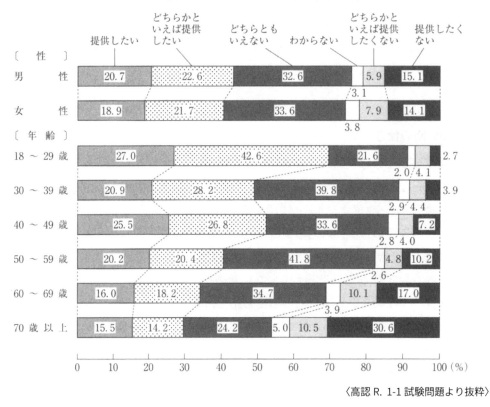

〈高認 R. 1-1 試験問題より抜粋〉

問1　グラフの縦軸は（　　　　）を表している。
　　　　① 人数　　② 性別と年齢層　　③ 割合

問2　グラフの横軸は（　　　　）を表している。
　　　　① 人数　　② 性別と年齢層　　③ 割合

問3　男性の「提供したい」の割合は（　　　　）％である。
　　　　① 22.6　　② 18.9　　③ 20.7

解答
問1：②　問2：③　問3：③

問4　男性の「わからない」の数値は（　　　　）％である。
　　　　① 5.9　　② 3.1　　③ 3.8

問5　18 〜 29 歳と 70 歳以上を比較すると、「どちらかといえば提供したくない」
　　　　と答えた割合が多いのは（　　　　）である。
　　　　① 18 〜 29 歳　　② 70 歳以上

問6　「提供したくない」と答えた年齢層は、年齢が上がるにつれて（　　　　）。
　　　　① 一貫して増加している　　② 一貫して減少している

問7　50 〜 59 歳の「提供したい」と「どちらかといえば提供したい」の割合の合
　　　　計は、（　　　　）％である。
　　　　① 52.3　　② 40.6　　③ 49.1

問8　50 〜 59 歳と比べて、「提供したくない」と答えた 70 歳以上の割合は、およ
　　　　そ（　　　　）である。
　　　　① 2倍　　② 3倍　　③ 2分の1

問9　「提供したい」と答えた割合について、男性と女性を比較すると、女性のほう
　　　　が男性と比べて（　　　　）。
　　　　① 1 ポイント低い　　② 1.8 ポイント低い　　③ 2 ポイント低い

問10　このグラフ（データ）から読み取れないのは（　　　　）である。
　　　　① 男女別のデータ　　② 年齢別の推移　　③ 実際の人数

解　答

問4：②　問5：②　問6：①　問7：②　問8：②　問9：②　問10：③

Jump｜レベルアップ問題

（　　）問中（　　）問正解

問1　次のグラフ1、グラフ2、グラフ3について説明する文章として適切なものを、次のページ①〜④のうちから一つ選べ。〈高認 R. 1-1 改〉

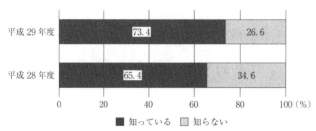

グラフ1　食品ロス問題の認知度

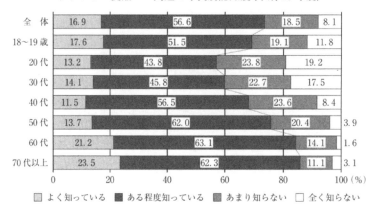

グラフ2　食品ロス問題の年代別認知度（平成29年度）

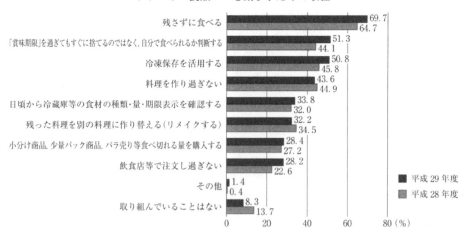

グラフ3　食品ロスを減らすための取組

（注）　グラフの数値は四捨五入しているため、合計値が100にならない場合がある。

（消費者庁「平成29年度　消費者の意識に関する調査　結果報告書　—食品ロス削減の周知及び

① グラフ１をみると、食品ロス問題を「知っている」と答えた割合は、平成 29 年度では 7 割 以上であり、平成 28 年度に比べて増加している。グラフ２をみると、食品ロス問題を「よく知っている」「ある程度知っている」と答えた割合の合計は、20 代以降年代が上がるごとに高くなっており、60 代と 70 代以上では 8 割を超えている。グラフ３をみると、平成 29 年度では食品ロスを減らすための取組として、「残さずに食べる」と答えた割合が最も高くなっている。

② グラフ１をみると、食品ロス問題を「知らない」と答えた割合は、平成 29 年度も平成 28 年度も 3 割を超えている。グラフ２をみると、食品ロス問題を「全く知らない」「あまり知らない」と答えた割合の合計が最も高かった年代は 20 代であり、70 代以上と比べてその差は 40 ポイントを超えている。グラフ３をみると、平成 29 年度で食品ロスを減らすための取組として、「取り組んでいることはない」と答えた割合は、平成 28 年度と比較して減少している。

③ グラフ１をみると、食品ロス問題を「知っている」と答えた割合は、平成 29 年度も平成 28 年度も 7 割を超えている。グラフ２をみると、食品ロス問題を「よく知っている」「ある程度知っている」と答えた割合の合計が最も高かった年代は 70 代以上であり、20 代と比べてその差は 20 ポイントを超えている。グラフ３をみると平成 29 年度で食品ロスを減らすための取組として、「料理を作り過ぎない」と答えた割合は、平成 28 年度と比較して増加している。

④ グラフ１をみると、食品ロス問題を「知らない」と答えた割合は、平成 29 年度では 3 割以下であり、平成 28 年度に比べて減少している。グラフ２をみると、食品ロス問題を「全く知らない」「あまり知らない」と答えた割合の合計は、20 代と 30 代では 6 割を超えている。グラフ３をみると、平成 29 年度では食品ロスを減らすための取組として、「取り組んでいることはない」と答えた割合が 50.8％となっている。

問2　次の表1、表2、グラフ1について説明する文章として適切なものを、①〜④のうちから一つ選べ。〈高認 R. 3-2 改〉

表1　主要国の遺伝子組換え農作物の栽培面積比較　　（100万ha）

国名	栽培面積	
	2013年	2018年
アメリカ	70.1	75.0
カナダ	10.8	12.7
ブラジル	40.3	51.3
アルゼンチン	24.4	23.9
パラグアイ	3.6	3.8
ウルグアイ	1.5	1.3
ボリビア	1.0	1.3
インド	11.0	11.6
中国	4.2	2.8
パキスタン	2.8	2.9
南アフリカ	2.9	2.7
オーストラリア	0.6	0.8

表2　主要作物別遺伝子組換え農作物の栽培面積の推移　　（100万ha）

年	ダイズ	トウモロコシ	ナタネ
1996	0.5	0.3	0.1
1998	14.5	8.3	2.4
2003	41.4	15.5	3.6
2008	65.8	37.3	5.9
2013	84.5	57.4	8.2
2018	95.9	58.9	10.1

グラフ1　世界における主要作物の総栽培面積に対する遺伝子組換え農作物の占める割合（2018年）

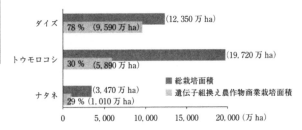

（農林水産省「遺伝子組換え農作物について　平成26年5月改定」,「遺伝子組換え農作物について　令和2年6月改定」により作成）

① 表1をみると、2018年のインド、中国、パキスタンの遺伝子組換え農作物の栽培面積は、2013年と比べて、拡大している。表2をみると、2018年のダイズの栽培面積は、1996年と比べて、100倍以上増加している。

② 表1をみると、2018年のアメリカの遺伝子組換え農作物の栽培面積は7,500万haであり、表1中の国のなかでは最大となっている。グラフ1をみると、トウモロコシの総栽培面積に対する遺伝子組換え農作物の占める割合は58.9%となっている。

③ 表1をみると、2018年のブラジルの遺伝子組換え農作物の栽培面積は5,130万haであり、2013年と比べて1,000万ha以上拡大している。表2をみると、ダイズ、トウモロコシ、ナタネの栽培面積は、いずれも1996年から増加傾向である。

④ 表1をみると、2018年のアルゼンチン、パラグアイ、ウルグアイの遺伝子組換え農作物の栽培面積は、2013年と比べて、縮小している。グラフ1をみると、ダイズの総栽培面積に対する遺伝子組換え農作物の占める割合は78%となっている。

解答・解説

問1：①

　②について、食品ロス問題を「知らない」と答えた人の割合は、平成29年度も平成28年度も3割を超えているとありますが、グラフ1を見ると、平成29年度は26.6％なので、3割を超えていません。よって、②は誤りです。③について、食品ロス問題を「知っている」と答えた人の割合は、平成29年度も平成28年度も7割を超えているとありますが、グラフ1を見ると、平成28年度は65.4％であるため7割を超えていません。よって、③は誤りです。④について、食品ロス問題を「全く知らない」「あまり知らない」と答えた割合の合計は、20代と30代では6割を超えているとありますが、グラフ2を見ると、20代は計43.0％、30代は計40.2％であるため、どちらも6割を超えていません。よって、④は誤りです。したがって、正解は①です。

問2：③

　①には、2018年のインド、中国、パキスタンの遺伝子組換え農作物の栽培面積は、2013年と比べて拡大しているとありますが、表1を見ると、中国の2013年は4.2、2018年は2.8と縮小しています。よって、①は誤りです。②には、トウモロコシの総栽培面積に対する遺伝子組換え農作物の占める割合は58.9％とありますが、グラフ1を見ると30％です。よって、②は誤りです。④には、2018年のアルゼンチン、パラグアイ、ウルグアイの遺伝子組換え農作物の栽培面積は、2013年と比べて縮小しているとありますが、表1を見ると、パラグアイの2013年は3.6、2018年は3.8と拡大しています。よって、④は誤りです。したがって、正解は③です。

2. 現代社会の特質

この単元では、現代の社会の特徴である「大衆社会」「高度情報社会」「少子高齢社会」「国際社会」について学んでいきます。おおまかな内容をつかみつつ、赤字を中心に覚えていきましょう！

Hop | 重要事項

大衆社会

20世紀以降、義務教育の普及やマスメディアの発達、大量生産・大量消費社会の到来により、人々の生活や考え方の均一化が進みました。社会を占める多くの人々（大衆）が政治・社会・文化に大きな影響を与える社会を大衆社会と呼びます。

昔は、財産や権力をもっていた特権階級が社会を動かしていました。身分によって、考え方や生活スタイルも大きく違っていたんですよ！

《大衆化の要因》

・選挙権の獲得 …… 多くの人が政治に参加　　・産業革命 …… 大量生産・大量消費
・マスメディアの発達 …… 情報がテレビや新聞、ネットを通じて大勢の人に伝わる

生活や考え方の均一化が進む

<u>問題点</u>

- 個性の喪失
  （リースマンが『孤独な群衆』で、大衆社会に生きる現代人は他者に同調する「他人指向型」と指摘）
- 画一化した価値観に動かされやすい
  （偏った情報に民衆が踊らされ、特定の民族や人種を迫害するおそれがある。フロムは『自由からの逃走』で、人は自由の重責に耐えられないと権威に従属すると説いた ➡ ファシズムの原因のひとつ）
- 政治的無関心

🔍 高度情報社会

インターネットの普及や情報通信技術（IT）の進歩、マスメディア（新聞やラジオなど）の発達により、現代は「モノ」を中心とする社会から、「情報」を中心とする社会となりました。ネットワークの普及により、情報の発信や受信の利便性が飛躍的に上がった一方、情報社会の弊害（へいがい）も指摘されています。

問題点

- 有用な情報を見極めて活用する能力（メディア・リテラシー）が必要
- 情報通信機器を使いこなせる人とそうでない人の格差（デジタル・デバイド）
- プライバシー（個人情報）流出のおそれ ➡ 個人情報保護法により規制
- 型にはまったイメージを抱くおそれ ➡ ステレオタイプなものの見方
- 個人情報を守る権利（プライバシーの権利）や知的財産の保護が課題

知的財産権の種類

知的財産権とは、創作物やアイディア、デザインの作者や考案者の利益を保護する権利の総称です。他人が考案した知的財産を無断で複製したり、頒布（はんぷ）したりすることは法律で禁止されています。

種類	内容	具体例
特許権	発明に対する保護を与える	携帯電話機の新しい通信技術を発明した
意匠権（いしょう）	物品のデザインを保護する	携帯電話のデザインを斬新なものにした
著作権	著作物に対する保護を与える	文章・写真・音楽・美術作品など
商標権	商品に使用するマークを保護する	携帯電話機に会社名のロゴを入れた

🔍 少子高齢社会

出生数（しゅっしょうすう）の低下と平均寿命の延びによって、日本は少子高齢化と人口減少が進んでいます（日本は2007年に65歳以上の老年人口が総人口の21%を超え、超高齢社会となりました）。

背景

- 女性の社会進出 ➡ 晩婚化・非婚化・出生数低下
- 医療の発達 ➡ 平均寿命の延び

🔊 国際社会

　現代は世界中で「人・モノ・金・情報」のボーダレス化（無国境化）が進んでいます。国や地域により人々の価値観は異なるため、さらなる異文化理解が求められています。

関連用語

◉ 文化相対主義 …… さまざまな文化を独自の価値をもつ対等な存在としてとらえる考え方

◉ 自民族中心主義 …… 自分の属する民族を美化し、他の民族を排斥しようとする考え方

◉ 核家族 …… 一組の夫婦、または夫婦とその子だけの家族

◉ 不正アクセス禁止法 …… 他者のパスワードの不正利用やデータの改ざんを禁じる法律

◉ e コマース（EC）…… インターネット上で行われる商取引のこと

 Step｜基礎問題

■ 各問の空欄に当てはまる語句をそれぞれ①～③のうちから一つずつ選びなさい。

問1　日本は 2007 年に老年人口が 21% を超え、（　　　　　）となった。
　　　　① 高齢化社会　　② 超高齢社会　　③ 国際化社会

問2　有用な情報を見極めて活用する能力を（　　　　）という。
　　　　① メディア・リテラシー　　② ボーダレス化　　③ デジタル・デバイド

問3　情報通信機器を使いこなせる人とそうでない人の格差を（　　　　）という。
　　　　① バーチャル・リアリティ　　② デジタル・デバイド　　③ ICT

問4　個人の情報を守る権利を（　　　　）という。
　　　　① 知る権利　　② プライバシーの権利　　③ アクセス権

問5　知的創作活動から生み出されたものに関する権利を（　　　　）という。
　　　　① プライバシーの権利　　② 肖像権　　③ 知的財産権

問6　国際社会では、さまざまな文化を独自の価値をもつ対等な存在としてとらえる
　　　　（　　　　　）という考え方が大切である。
　　　　① 自民族中心主義　　② ステレオタイプ　　③ 文化相対主義

問7　一度に多くの人に対して同じ情報を発信できるメディアを（　　　　）という。
　　　　① マスコミュニケーション　　② マスメディア　　③ マルチメディア

問8　創作された音楽や文章などに関する権利を（　　　　）という。
　　　　① 商標権　　② 著作権　　③ 特許権

問9　『孤独な群衆』で大衆社会に生きる現代人を「他人指向型」と指摘した人物は
　　　　（　　　　　）である。
　　　　① リースマン　　② フロム　　③ フロイト

問10　出生数の低下の原因として当てはまらないものは（　　　　）である。
　　　　① 保育所の不足　　② 平均寿命の延び　　③ 女性の社会進出

🔍 **解　答**

問1：②　　問2：①　　問3：②　　問4：②　　問5：③　　問6：③　　問7：②　　問8：②

問9：①　　問10：②

Jump｜レベルアップ問題

（　　）問中（　　）問正解

■ 次の会話文を読んで、問1～3に答えよ。

みずき：お父さん、最近ブログを始めたんだって？

父　　：そうなんだよ。同じ趣味の人とも交流できて楽しくてね。それに、ネットで検索すると、本当にいろいろな情報が出てくるね。昔じゃ考えられないよ。

みずき：私の周りの友達は当たり前のようにネットを使っているけれど、お父さんみたいにネットに馴染みがない人もたくさんいるわよね。ネットを使いこなせる人と使いこなせない人との間に生じる格差である　A　という言葉があるけれど、ネットは多くの人が情報を発信できる分、気を付けなければいけないことがあると学校で習ったわ。

父　　：たとえば、何に気を付けたらいいの？

みずき：ネットに載っている画像や文章には著作権があるかもしれないから、利用するときには注意が必要なの。画像といえば、たとえば友達からもらった写真とか、一緒に記念撮影した写真とかを無断でネットに載せると　B　になる可能性があるから、ブログをやるならとくに気を付けたほうがいいと思うわ。

問1　会話文中の　A　、　B　に当てはまる語句の組み合わせとして適切なものを、次の①～④のうちから一つ選べ。

A		B
① デジタル・デバイド	著作権の侵害
② デジタル・デバイド	プライバシーの侵害
③ メディア・リテラシー	著作権の侵害
④ メディア・リテラシー	プライバシーの侵害

問2　インターネットについて述べた文として**適切でないもの**を、次の①～④のうちから一つ選べ。

① 近年、インターネットを通じて買い物ができるeコマースや電子決済の普及が進んでいる。

② インターネット上に掲載されている動画や音楽は自由に利用できる。

③ コンピュータ技術・通信技術を悪用したサイバー犯罪が年々増加傾向にある。

④ インターネットの普及により、個人の情報発信が容易となった。

問3 インターネット上では日々さまざまな情報が飛び交うが、情報を利用するうえで望ましい態度について述べた文として**適切でないもの**を、次の①〜④のうちから一つ選べ。

① インターネット上の有害情報から若者を守るために、青少年ネット規制法が制定された。

② 映像情報をリアルタイムで伝えることができるのはテレビのみであるため、最新の情報を確認するためにはテレビを利用するのがよい。

③ 情報を提供する人の名前が明らかでない匿名（とくめい）の情報については、その提供者をできるだけ確認したうえで利用することが望ましい。

④ 個人が提供する情報よりも組織や機関が提供する情報のほうが常に信憑（しんぴょう）性が高いとは限らないので、この点をふまえて利用するべきである。

■ 次の問いを読み、問4と問5に答えよ。

問4 大衆社会について述べた文として適当なものを、次の①〜④のうちから一つ選べ。

① リースマンは、『孤独な群衆』において大衆社会に生きる現代人を「伝統指向型」と分類した。

② 大量生産・大量消費によって、生活の質（アメニティ）は向上した。

③ 大衆社会では、あらゆる面での画一化が進み、その中で社会を効率的に運用するための官僚制が生まれた。

④ 大衆社会により、地域の人々のつながりが強化された。

問5 少子高齢化について述べた文として**適切でないもの**を、次の①〜④のうちから一つ選べ。

① 少子化問題は多くの先進国が抱（かか）えている問題であり、さまざまな政策で少子化対策を行っている。

② 女性の社会進出による非婚化や晩婚化が、合計特殊出生率低下の原因とされている。

③ 託児所の設置や補助金の給付は、少子化対策として有効とされている。

④ 少子化の原因のひとつとして、平均寿命の延びが挙げられる。

解答・解説

問1：②

　空欄Aについて、ネットを使いこなせる人と使いこなせない人の格差を「デジタル・デバイド」といいます。空欄Bについて、一緒に記念撮影した写真を無断でネットに載せることは「プライバシーの侵害」に該当する可能性があります。したがって、正解は②です。なお、「メディア・リテラシー」は有益な情報を取捨選択して活用する能力です。「著作権」は、文章・写真・音楽などの創作物の保護に関する権利です。

問2：②

　インターネット上に掲載されている動画や音楽には著作権がある可能性があり、自由に利用することができるとは限りません。したがって、正解は②です。

問3：②

　リアルタイムで情報を映像で伝えるのはテレビだけではありません。たとえば、インターネット上でもWebメディアやSNS（ソーシャル・ネットワーキング・サービス）などを通して、映像などの情報をリアルタイムで得ることができます。したがって、正解は②です。

問4：③

　①②④は誤りです。①について、リースマンは、『孤独な群衆』において大衆社会に生きる現代人を「他人指向型」と分類しました。②について、大量生産・大量消費によってゴミ問題や環境汚染が起こり、生活の質（アメニティ）は低下しました。④について、大衆社会では個性の喪失や孤独など、社会とのつながりは希薄化する傾向にあります。③は正しい説明です。したがって、正解は③です。なお、官僚制とは大きな組織を能率的に運営するしくみのことで、上意下達の命令指揮系統や業務の階層化・分業化を特徴としています。一方で法律万能主義や秘密主義などの弊害も指摘されています。

問5：④

　「平均寿命の延び」は、少子化ではなく高齢化の原因のひとつです。したがって、正解は④です。

3. 青年期の課題

青年期は心理的に大きな成長がある分、悩みも大きい時期ともいわれています。青年期特有の心のはたらきや、密接に関係する欲求と心理を学んでいきましょう！

Hop | 重要事項

青年期とは？

　肉体に性的な特徴が現れる第二次性徴（せいちょう）の時期から自立した大人になるまでの期間を青年期と呼びます（青年期の期間は時代や社会によって異なります。先進国ほど教育期間が延びるため、青年期も長くなります）。青年期は、大人としての責任が猶予（ゆうよ）され（モラトリアム）、将来について試行錯誤をすることができます。また、自分自身の考え（自我（じが））が芽生え（めばえ）、精神的に自立が促される時期でもあります。

青年期のはじまりと発達課題

第二次性徴　　➡　　　心身の変化　　➡　　　自我・アイデンティティの確立
　　　　　　　　　　（心理的離乳・自我の芽生え）

青年期は自分自身の考え（自我）、自分らしさ（アイデンティティ）を確立していく時期

関 連 用 語

◉ 第二の誕生 …… 生物的な誕生である第一の誕生に対して、青年期は精神的に自立し、人間として歩み始める時期である（フランスの思想家ルソーによる表現）

◉ 境界人（マージナルマン）…… 青年期は大人と子どもの中間期間である（レヴィンによる表現）

◉ 心理的離乳 …… 青年期に子どもは精神的に親からの自立を求める（ホリングワースによる表現）

◉ アイデンティティの確立 …… アイデンティティを確立することが青年期の課題（エリクソンによる表現）

◉ モラトリアム …… 青年期は大人としての責任を猶予されている（エリクソンによる表現）

◉ イニシエーション …… 通過儀礼（つうかぎれい）を意味する言葉（ 七五三・成人式など）

欲求と適応

　心理学者マズローは、欲求は階層構造になっており、低い欲求から高い欲求へと順に満たされ、最後に自己実現の欲求へ向かい、人格が形成されると説きました。

マズローの欲求階層説

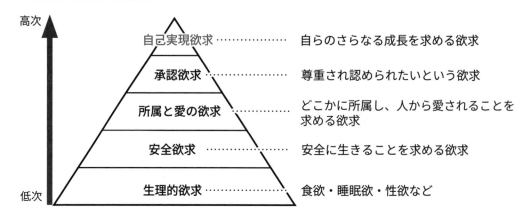

自己実現欲求 ……………………	自らのさらなる成長を求める欲求
承認欲求 ……………………	尊重され認められたいという欲求
所属と愛の欲求 …………	どこかに所属し、人から愛されることを求める欲求
安全欲求 ……………………	安全に生きることを求める欲求
生理的欲求 …………………	食欲・睡眠欲・性欲など

高次　低次

参　考　各欲求階層の具体例

● 生理的欲求 …… お腹が空いたから何か食べたい、眠いから寝たいなど

● 安全欲求 …… 安全な場所で暮らしたい、経済的に安定したいなど

● 所属と愛の欲求 …… クラブ活動などのグループに入りたい、友達や家族に愛されたいなど

● 承認欲求 …… 他者から褒められたい、SNS の投稿で " いいね！" がたくさん欲しいなど

● 自己実現欲求 …… バイオリニストとして成功したが、より良い演奏を追求したいなど

関連用語

● フラストレーション …… 欲求が満たされない時に陥る「欲求不満」を意味する言葉

● コンフリクト …… 2つ以上の欲求が対立している「葛藤」を意味する言葉

防衛機制

人間は欲求不満のとき、不安や緊張などの精神的苦痛を抱きます。このような欲求不満である状態に自らを無意識に適応させようとするはたらきを防衛機制といいます（心理学者フロイトが提唱）。

種類	説明	例
抑圧	嫌な記憶を無意識へと追いやる	交通事故に遭ったときの記憶がない
合理化	欲求の失敗をもっともらしく正当化する	テストの点が悪かったのは、テストの作問のしかたが不適切だからだと思って納得しようとする
同一視	他人の功績を自分のことのように感じて満足する	好きなアイドルが海外進出をしたので、誇らしく感じる
投射	望ましくない自分の考えや感情を、他人のものであるとみなす	嫌いな人に対して、「相手が自分のことを嫌っている」と思う
反動形成	本来の欲求と正反対の行動をとる	親に甘えたいが、反抗的な態度をとる
退行	欲求が叶わないと幼児返りをする	欲求が満たされないときに、年齢にふさわしくない言動をする
代償	本来の欲求に似た別の欲求で満足する	ピアノが欲しいが家に置く場所がないので、キーボードを買う
昇華	社会的に受け入れられない欲求を社会的価値の高い欲求に向ける	暴力をふるいたい衝動をスポーツで発散させる

社会との関わりと職業選択

青年期は、職業や将来のキャリアプランについて考える時期でもあります。私たちは職業に就くことを通じて、経済的に自立するだけではなく、社会に貢献することで自己実現を果たす意義も見出すことができます。

関連用語

◉ インターンシップ …… 学生が一定期間、企業で職業体験をすること

◉ ボランティア活動 …… 報酬を目的とせず、他人や社会のために労力を提供すること

◉ フリーター …… 定職に就かず、アルバイトを続けることで生計を立てる人

◉ ニート …… 学校に行かず、就職もせず、職業訓練もしない人

Step｜基礎問題

■ 各問の空欄に当てはまる語句をそれぞれ①〜③のうちから一つずつ選びなさい。

問1　肉体的に男性らしく女性らしくなることを（　　　　　）という。
　　　　① 第一次性徴　　② 第二次性徴　　③ 第三次性徴

問2　青年期の課題はアイデンティティの確立であると主張した人物は（　　　　）
　　　である。
　　　　① フロイト　　② レヴィン　　③ エリクソン

問3　青年期は大人としての責任を猶予されている。このことを（　　　　　）と呼ぶ。
　　　　① イニシエーション　　② コンフリクト　　③ モラトリアム

問4　青年期を境界人（マージナルマン）と呼んだのは（　　　　）である。
　　　　① レヴィン　　② ホリングワース　　③ マズロー

問5　青年期を「第二の誕生」と表現したのは（　　　　）である。
　　　　① マズロー　　② フロイト　　③ ルソー

問6　防衛機制を提唱した人物は（　　　　）である。
　　　　① マズロー　　② フロイト　　③ エリクソン

問7　防衛機制とは、（　　　　）にはたらく心のメカニズムである。
　　　　① 無意識　　② 意識的　　③ 顕在的

問8　マズローは欲求階層説で、最上階（5段階目）を（　　　　）とした。
　　　　① 自己実現欲求　　② 承認欲求　　③ 愛情欲求

問9　学生が一定期間、企業で職業体験をすることを（　　　　）という。
　　　　① フレンドシップ　　② パートナーシップ　　③ インターンシップ

問10　2つの欲求があり、その間で悩んでいることを（　　　　）という。
　　　　① 劣等感　　② 葛藤　　③ 合理化

解答

問1：②　問2：③　問3：③　問4：①　問5：③　問6：②　問7：①　問8：①
問9：③　問10：②

■ 次の会話文を読んで、問1に答えよ。

奈々：私たちは16歳だから、ちょうど青年期なんだよね。

理沙：そうだね。　A　によれば、青年期にはアイデンティティの確立が大切だとのこ
とだけれど、自分らしさを確立できるかっていわれると、難しいと感じるな。

奈々：　A　といえば、ほかにも青年期は　B　であると主張していたよね。自分のや
りたいこと、見つけていけるか自信がないなあ。

理沙：そうだね。　C　という人は青年期を「境界人」と表現していたけれど、まさに
そのとおりだと感じたな。悩むことも多いと思うけれど、そんなときにはまた相
談にのってね。

問1　会話文中の　A　、　B　、　C　に当てはまる語句の組み合わせとして適切
なものを、次の①～④のうちから一つ選べ。

	A	B	C
①	フロイト	モラトリアム期間	ルソー
②	フロイト	イニシエーション	レヴィン
③	エリクソン	モラトリアム期間	レヴィン
④	エリクソン	イニシエーション	ルソー

■ 次の問いを読み、問2～5に答えよ。

問2　防衛機制の例について述べた文として**適切でないもの**を、次の①～④のうちか
ら一つ選べ。
　　①　マンションで猫が飼えないため、部屋に猫の写真を貼った。これは「代償」
　　　の例である。
　　②　テストが近いので勉強しなければならないが部屋の掃除をした。これは
　　　「逃避」の例である。
　　③　テレビゲームで負けたのはゲームの作り方が悪いからだと考えた。これ
　　　は「合理化」の例である。
　　④　昨日あった嫌なことを無意識に忘れていた。これは「昇華」の例である。

問3　マズローの5段階欲求階層説のうち、自己実現欲求の例として適切なものを、次の①～④のうちから一つ選べ。

①　家族をもうけて、幸せに暮らしたい。

②　著名な音楽家となったが、さらに素晴らしい作品をつくりたい。

③　おなかがすいたので、何か食べたい。

④　有名になって、多くの人からの称賛を集めたい。

問4　通過儀礼に関連して、日本で行われている通過儀礼について述べた文として適切なものを、次の①～④のうちから一つ選べ。

①　1月1日の元旦は、新年を祝い、初詣に出かける。

②　2月14日のバレンタインデーでは、異性にチョコレートなどを贈る。

③　5月の第2日曜日の母の日には母親に感謝を表わし、カーネーションなどを贈る。

④　七五三では、子どもの成長を祝い、健康を願う。

問5　青年期とそれに関する学者について述べた文として**適切でないもの**を、次の①～④のうちから一つ選べ。

①　フロイトは無意識の領域を発見し、人間が欲求不満の際に無意識にバランスを取ろうとする防衛機制について説いた。

②　ルソーは青年期をそれ以前の幼児期の段階とはまったく異なる段階であるとして、第二の誕生と説いた。

③　ハヴィガーストは青年期は大人と子どもの境界にいるとして、境界人と表現した。

④　ホリングワースは、青年期に子どもは精神的に親からの自立を求めるとして、心理的離乳について説いた。

解答・解説

問1：③

　空欄AとBについて、「エリクソン」は青年期の課題としてアイデンティティの確立をあげており、青年期は大人としての猶予期間（モラトリアム期間）であると説きました。空欄Cについて、「レヴィン」は青年期を「境界人」と表現しました。したがって、正解は③です。

問2：④

　④の例は「昇華」ではなく「抑圧」の例です。したがって、正解は④です。なお、「昇華」とは、社会的に受け入れられない欲求を社会に認められる形に転換することです。

問3：②

　マズローの5段階欲求階層説の特徴として、下位の欲求が満たされたうえで、上位の欲求が生じるというものがあります。②は、すでに著名な音楽家として認められている（＝承認欲求が満たされている）状態にありながら、さらに良い作品をつくりたいとありますので、自己実現欲求の例として適切です。したがって、正解は②です。なお、①は所属と愛の欲求、③は生理的欲求、④は承認欲求の例です。

問4：④

　人生の節目に行われる儀式のことを通過儀礼といいますので、④が正解となります。ほかの通過儀礼として、成人式や還暦などがあります。

問5：③

　③について、青年期を「境界人」と表現したのはレヴィンです。したがって、正解は③です。なお、ハヴィガーストは乳児期〜老年期について、6つの発達課題を提唱した人物です。

4. 世界の宗教と信仰

各宗教のおおまかな特徴と、信仰者が多い地域を理解しましょう。下記地図と照らし合わせて、どの地域にどの信者が多いかを覚えておくと、「歴史」や「地理」でも役に立ちますよ！

世界三大宗教

仏教・キリスト教・イスラム教は、多くの民族で信仰されている宗教であり、これを世界三大宗教と呼びます。各宗教の開祖は、仏教は釈迦(しゃか)（ゴーダマ・シッダルタ）、キリスト教はイエス・キリスト、イスラム教はムハンマドです。

世界の主な宗教分布

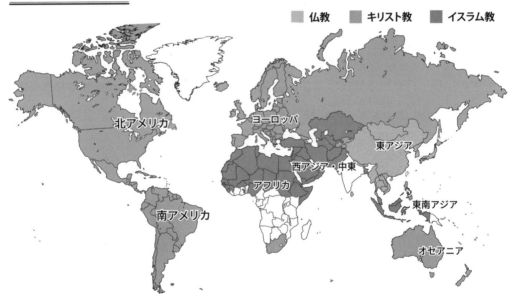

世界宗教の分布をおおまかに見ると、中国の近隣国に仏教信者が多く、中東や北アフリカにイスラム教信者が多いことがわかります。その他の地域はキリスト教信者が多くなっていますが、自然崇拝や民族宗教が信仰されている地域もあります。

宗教	教典	教えの内容・特徴
仏教	仏典	悟りを開いて仏となり、この世の苦悩からの解脱をめざす ・縁起の法：あらゆる物事は互いに依存しあっている ・諸行無常：この世のすべてのものは移り変わる
キリスト教	旧約聖書 新約聖書	神の無償の愛（アガペー）に応えて隣人愛（隣人を自分のように愛すること）に努める
イスラム教	コーラン （クルアーン）	唯一神アッラーに絶対的に帰依し、教えに基づいて正しい生活を送る ・1日5回メッカの方向に向かって礼拝 ・豚食や飲酒の禁止・ラマダーン月の断食

🔖 民族宗教

特定の民族の間で信仰されている宗教を民族宗教と呼びます。

- ◉ ユダヤ教 …… ユダヤ人により信仰されている宗教
- ◉ ヒンドゥ教 …… 主にインドで信仰されている。多神教で、身分制度であるカースト制度や輪廻転生の考えをもつ
- ◉ 儒教 …… 中国の孔子・孟子などの思想で、仁や礼を重視する
- ◉ 神道 …… 日本の宗教。自然や自然現象などに宿る八百万の神を信仰する

いろいろな宗教がありますね。お祈りや参拝の場所は、仏教 ➡ お寺、神道 ➡ 神社、キリスト教 ➡ 教会、イスラム教 ➡ モスクです！　お寺では仏像、教会では十字架をよく見かけますよ！

🔖 日本の伝統と文化

　日本は、日本固有の思想に外国の文化を柔軟に取り入れ、重層的な文化を育ててきました。さまざまな日本の文化や特徴を見ていきましょう。

- ◉ ハレとケ …… ハレは特別な日、ケは日常を指す
- ◉ 年中行事 …… 毎年決まった時期に行う行事で、七草・節分・ひな祭りなどがある
- ◉ 通過儀礼 …… 人生の節目に行われる行事で、七五三・成人式・結婚式などがある
- ◉ 恥の文化 …… 日本人は周囲との関係性を重視し、周りから見て「恥ずかしくないか」が行動の基準となる特性をもつ
- ◉ タテ社会 …… 日本人は地位が上の人や年上の人を敬う特性をもつ（⇔能力主義）

Step｜基礎問題

■ 各問の空欄に当てはまる語句をそれぞれ①～③のうちから一つずつ選びなさい。

問 1　特定の民族の中だけで信仰されている宗教を（　　　　）という。
　　　　① 新興宗教　　② 世界宗教　　③ 民族宗教

問 2　多くの民族で共通して信仰されている宗教を（　　　　）という。
　　　　① 新興宗教　　② 世界宗教　　③ 民族宗教

問 3　毎年決まった時期に行う行事を（　　　　）という。
　　　　① 通過儀礼　　② 冠婚葬祭　　③ 年中行事

問 4　キリスト教の開祖は（　　　　）である。
　　　　① イエス・キリスト　　② 仏陀　　③ ムハンマド

問 5　イスラム教の開祖は（　　　　）である。
　　　　① イエス・キリスト　　② 仏陀　　③ ムハンマド

問 6　イスラム教では、1 日 5 回（　　　　）に向かって礼拝する。
　　　　① ハラッパー　　② エルサレム　　③ メッカ

問 7　イスラム教の教典は（　　　　）である。
　　　　① 新約聖書　　② コーラン　　③ 仏典

問 8　キリスト教の教典は（　　　　）である。
　　　　① 新約聖書　　② コーラン　　③ 仏典

問 9　神が人々に無償の愛を与えるように、隣人愛に努めることを求める宗教は
　　　（　　　　）である。
　　　　① キリスト教　　② 仏教　　③ イスラム教

問 10　悟りを開いてこの世の苦悩からの解脱をめざす宗教は（　　　　）である。
　　　　① キリスト教　　② 仏教　　③ イスラム教

解　答

問 1：③　問 2：②　問 3：③　問 4：①　問 5：③　問 6：③　問 7：②　問 8：①
問 9：①　問 10：②

Jump｜レベルアップ問題

（　　）問中（　　）問正解

■ 次の会話文を読んで、問1〜3に答えよ。

花奈：この前、外国のいろいろな食材が売っているスーパーに行ってきたよ。めずらし
いお菓子が売っていたから買ってきたの。みんなで食べようよ。先生の分もあり
ますよ。

洋文：わあ、ありがとう！ あれ？ このクッキーの袋に書いてあるマーク（図1参照）
はほかにもどこかで見たことがある気がするけれど、何のマークなんだろう？

先生：それはハラールマークといって、　 A 　 に反する食材が使われていないことを証
明するマークだよ。そういえば、　 A 　 は決まった時間に1日5回お祈りするの
だけれど、必ずある方角に向かってお祈りをするんだよ。どの方角だったか覚え
ているかな？

花奈：たしか、　 B 　 に向かってお祈りをするんでしたね！

図1 ハラールマーク

問1　　会話文中の　 A 　、　 B 　に当てはまる語句の組み合わせとして適切なものを、
次の①〜④のうちから一つ選べ。

A	B
① イスラム教	エルサレム
② イスラム教	メッカ
③ キリスト教	エルサレム
④ キリスト教	メッカ

問2　　世界の宗教と文化について述べた文として**適切でないもの**を、次の①〜④のう
ちから一つ選べ。

① 仏教は、はじめインドでおこったが、現在のインドで多いのはヒンドゥ
教徒である。

② イエス・キリストは人類の原罪を背負って十字架に架けられた。

③ イスラム教は中東だけでなく、インドネシアにも信者が多い。

④ イスラム教の教典は、新約聖書である。

問3　次の文章中の　A　、　B　に入る語句の組み合わせとして適切なものを、次の①～④のうちから一つ選べ。

　　古代中国において、孔子は仁・礼が人間道徳の基本であるとして　A　の教えを説いた。孔子が重視した「他人に思いやりをもつこと」は、　B　の具体例である。

	A	B
①	ユダヤ教	仁
②	儒　教	仁
③	道　教	礼
④	イスラム教	礼

■ 次の問いを読み、問4と問5に答えよ。

問4　日本特有の文化について述べた文として適切なものを、次の①～④のうちから一つ選べ。

　　① 日本では毎年決まった時期に行う年中行事があり、その内容は農耕と深く関わっている。

　　② 日本は古来より日常の「ハレ」と非日常の「ケ」により、生活上のリズムを築いてきた。

　　③ ルース・ベネディクトは『菊と刀』で、日本を「罪の文化」と呼んだ。

　　④ 日本は伝統文化を大切に保ちつづけ、他国や多文化への影響を受けずに独自の文化を築いてきた。

問5　日本の伝統や文化について述べた文として適切でないものを、次の①～④のうちから一つ選べ。

　　① 日本の漫画やアニメは世界で根強い人気があり、日本を代表する文化として認識されている。

　　② 日本の水墨画や庭園などには、質素さの中に繊細な美を見出す「わび」や「さび」が見られる。

　　③ 茶の湯は茶の間や茶道具などの華美な文化が特色となっており、多くの伝統工芸が残されている。

　　④ 日本は万物に生命が宿るとする信仰があり、岩や山、太陽などに対する宗教が各地に散見される。

🔑 解答・解説

問1：②

　空欄Aについて、ハラールマークとは、イスラム法に反する食材（たとえば豚や酒）が使われていないことを証明するマークです。イスラム教は、決まった時間に1日5回、メッカに向かってお祈りをします。したがって、正解は②です。

問2：④

　イスラム教の教典は新約聖書ではなくコーランです。したがって、正解は④です。

問3：②

　空欄Aについて、孔子が説いた教えは「儒教」です。人間と人間のあり方を示す仁が、人間道徳の本質をなすものとしました。空欄Bについて、仁の具体例として「他人に思いやりを持つこと」や「真心をもつこと」があります。したがって、正解は②です。なお、礼の具体例には「親兄弟を愛すること」や「年長者を敬うこと」などがあります。

問4：①

　①について、年中行事は、たとえば端午の節句＝田植祭りのように、農耕と深く関わっています。したがって、正解は①です。なお、②は日常を「ケ」、非日常を「ハレ」と呼ぶため誤りです。③については、ルース・ベネディクトは日本を「恥の文化」と呼んだため誤りです。④については、日本は他国や多文化への影響を受けながら文化を築いてきたため誤りです。

問5：③

　③について、茶の湯は質素な茶室や道具に美しさを見出し、一期一会の客人とのやり取りやもてなしを大切にします。したがって、正解は③です。

5. 人口・エネルギー問題

電気やガソリンなど、人々はエネルギーや資源を使って文明を発達させてきました。この単元では、現代で使用されているエネルギーと近年注目を集める新エネルギーについて理解を深めていきましょう。

🚩 Hop ｜ 重 要 事 項

🔦 環境と人間

エネルギーのおかげで私たちは便利な生活を送れています。しかし、石油や石炭などの化石燃料は資源が有限であり、新しい形のエネルギー供給が模索されています。

《 人類とエネルギーのあゆみ 》

18世紀後半 　　　　：産業革命により機械化が進む　➡　石炭（蒸気機関）が動力

19世紀〜 　　　　　：石油の発掘や電力の使用

20世紀後半（戦後）：石炭から石油や原子力エネルギーの利用が進む

現　　代 　　　　　：環境に配慮したエネルギーの利用が進む

社会発展に伴う問題

- エネルギー資源問題（石油や石炭などの化石燃料は有限）
- 環境問題。化石燃料の燃焼により排出される二酸化炭素が地球温暖化を加速させる（低炭素社会への実現が課題）

⬇

環境にやさしく、化石燃料に代わる代替エネルギーに注目が集まっている

⬇

◉ 原子力エネルギー …… 発電時に二酸化炭素を発生させず安定供給が可能だが、重大事故の危険性がある

◉ 再生可能エネルギー …… 自然界から得られ、エネルギー源として永続的に利用できる

　・バイオマスエネルギー ➡ 生物由来のエネルギー
　　　　　　　　　　　　　　　穀物を精製したバイオエタノールなど
　・風力発電・太陽光発電・地熱発電 ➡ エネルギーは無限だが発電コストが高く、天候などに左右されやすい

・人口問題 …… 現在の世界の人口は約80億人であり、アジア・アフリカを中心に増
加傾向にあります（出生数が多い途上国に先進国の先進医療がもたら
され、乳幼児死亡率が低下したことが原因のひとつ）。
一方、先進国は少子高齢化が進んでおり、人口のバランスを取るた
めの方法を模索しています。

《 人口ピラミッド　1950年(左)と2020年(右)の比較 》

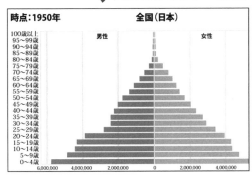
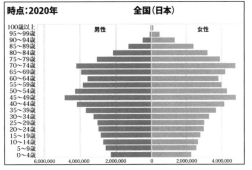

出典：統計ダッシュボード

【富士山型】
14歳以下の人口が多く、65歳以上の人口が
少ない。発展途上国に多い形。

【つりがね型】
14歳以下の人口が少なく、65歳以上の人口
が多い。少子化が進んでいる国に多い形。

関連用語

◉ 化石燃料 …… 大昔の生き物の死骸や枯れた植物などが時間をかけて資源となったもので、
石炭・石油・天然ガス・メタンハイドレートなどがある

◉ 石油危機 …… 原油価格が高騰したことによる世界的混乱。1970年代に起こった中東戦
とイラン革命を原因とし、これをきっかけに多くの国が石油依存度の見直
しを行った

◉ レアメタル・レアアース …… 希少金属のこと。ハイテク製品などに使われる

◉ 環境税 …… 環境悪化の原因となるものの排出や消費に対してかける税（炭素税など）
日本では2012年に地球温暖化対策税が導入された

◉ コジェネレーション …… 発電の際に排出される熱を給湯などに同時利用する仕組み

◉ スマートシティ …… 情報通信技術を使い、エネルギーの効率利用を行う省エネ型の都市

環境にやさしいエネルギーは、日々研究されています。最近は電気
自動車もよく見かけるようになりましたね！

Step｜基礎問題

■ 各問の空欄に当てはまる語句をそれぞれ①〜③のうちから一つずつ選びなさい。

問1　石油・石炭・天然ガスなどをまとめて（　　　　）という。
　　　① 自然エネルギー　　② 代替エネルギー　　③ 化石燃料

問2　化石燃料は、燃焼することで（　　　　）を発生させる。
　　　① 水素　　② 二酸化炭素　　③ 窒素

問3　世界の人口増加により懸念される事で当てはまらないのは（　　　　）である。
　　　① 食糧問題　　② 水不足　　③ 老年人口の減少

問4　原子力エネルギーの特徴として当てはまらないものは（　　　　）である。
　　　① 安定したエネルギー　　② 二酸化炭素を発生しない
　　　③ 自然エネルギー

問5　再生可能エネルギーの特徴として当てはまらないものは（　　　　）である。
　　　① 安定したエネルギー　　② 二酸化炭素を発生しない
　　　③ 自然エネルギー

問6　1970年代の石油危機により（　　　　）がおこった。
　　　① 石油価格の高騰　　② 物価の下落　　③ 人口爆発

問7　環境悪化の原因となるものの排出や消費にかける税を（　　　　）という。
　　　① 消費税　　② 直接税　　③ 環境税

問8　世界の人口は約（　　　　）人となり、今後も増加すると予想されている。
　　　① 60億　　② 70億　　③ 80億

問9　人口増加が著しい地域は（　　　　）である。
　　　① アジアとアフリカ　　② アジアとヨーロッパ　　③ アフリカと中東

問10　生物由来のエネルギーを（　　　　）という。
　　　① バイオマスエネルギー　　② 地熱エネルギー　　③ 動力エネルギー

🔍解　答
問1：③　問2：②　問3：③　問4：③　問5：①　問6：①　問7：③　問8：③
問9：①　問10：①

■ 次の文章は生徒が作成したレポートである。レポートを読んで、問1と問2に答えよ。

レポート
　現在、日本における発電方法で最も多くを占めているのが火力発電である。火力発電は安定した電力供給を期待することができるが、燃料となる石油や天然ガスなどの化石燃料は有限であること、化石燃料を燃やすことにより発生する二酸化炭素が地球温暖化を加速させることは、今後のエネルギーの安定供給を考えるうえで、重要な点なのではないだろうか。

　火力発電に代わる自然エネルギーのひとつに　A　がある。自然エネルギーは枯渇せず、環境にやさしいというメリットがあるが　B　というデメリットもあるため、エネルギー問題の解決は一筋縄ではいかない難しい問題であると思われる。

問1　　レポート中の　A　、　B　に当てはまる語句の組み合わせとして適切なものを、次の①～④のうちから一つ選べ。

A	B
① 風力発電	大事故の恐れ
② 風力発電	安定供給が難しい
③ 原子力発電	大事故の恐れ
④ 原子力発電	安定供給が難しい

問2　　エネルギーについて述べた文として**適切でないもの**を、次の①～④のうちから一つ選べ。

　　　① バイオマスエネルギーはクリーンエネルギーのひとつだが、食糧問題につながるおそれがある。

　　　② 風力発電や波力発電は、天候によって発電量が左右される。

　　　③ エネルギーの有効活用のために、情報通信技術を使う省エネ型の都市であるコジェネレーションに注目が集まっている。

　　　④ エネルギー資源の有効活用と環境保護のため、日本では環境税が導入されている。

■ 次の問いを読み、問3〜5に答えよ。

問3　世界の人口増加について述べた文として適切なものを、次の①〜④のうちから一つ選べ。

　　① 人口増加の要因のひとつは、先進国から途上国にもたらされた先進医療により、途上国の乳幼児死亡率が低下したことである。

　　② 人口増加により農地の拡大が行われ、食糧問題が解決へと向かった。

　　③ 人口増加の要因のひとつは、女性の社会進出により晩婚化や非婚化が進んだことである。

　　④ 人口増加は主に先進国で顕著であり、豊かな生活がその背景として挙げられる。

問4　世界の人口増加によって懸念される問題として**適切でないもの**を、次の①〜④のうちから一つ選べ。

　　① 水資源問題　　② 食糧問題　　③ エネルギー問題　　④ 教育問題

問5　人類のエネルギー利用のあゆみと現在について述べた文として適切なものを、次の①〜④のうちから一つ選べ。

　　① 産業革命時に主に使用されたエネルギーは石油エネルギーである。

　　② 石油の存在が発見されてから、中東の国々により独占し発掘されてきた。

　　③ 原子力エネルギーは、日本を含む先進国において最も多くの発電を占めている。

　　④ 新しい燃料として注目を集めるメタンハイドレートは、その採掘による地盤への影響が懸念されている。

解答・解説

問1：②

　空欄Aについて、自然エネルギーのひとつとして挙げられるのは「風力発電」です。空欄Bについて、自然エネルギーは天候に左右されやすいという特徴があり、「安定供給が難しい」という難点があります。したがって、正解は②です。

問2：③

　情報通信技術を利用した省エネ型の都市は、コジェネレーションではなくスマートシティと呼びます。したがって、正解は③です。

問3：①

　先進国から途上国に先進技術がもたらされ、出生数の多い途上国の乳幼児死亡率が低下することで、人口増加につながります。したがって、正解は①です。なお、②については、地球が養える人口には限りがあり、食糧問題が課題となっているため、誤りです。③については、人口増加ではなく少子化の原因の説明であるため誤りです。④については、人口増加は主に先進国ではなく途上国で顕著であるため誤りです。

問4：④

　地球全体で限りがあり、人口増加による影響が懸念される問題は①・②・③です。④の教育問題については、人口増加による影響が直接的にある問題ではありません。したがって、正解は④です。

問5：④

　①について、産業革命時に主に使用されたエネルギーは石炭を利用したエネルギーです。よって、①は誤りです。②について、石油は存在が発見されてからイギリスやアメリカにより発掘され、石油が埋蔵されている中東の国々のナショナリズム活動により、徐々に中東に発掘がゆだねられました。よって、②は誤りです。③について、フランスを除き、先進国において原子力は最も多くの発電を占めていません。よって、③は誤りです。したがって、正解は④です。

6. 環境問題とその対策

エネルギーの使用や開発により、私たちの生活は豊かになりましたが、その一方で地球規模の環境に対する影響が問題となっています。さまざまな環境問題の種類とその原因・対策について学んでいきましょう。

Hop｜重要事項

地球温暖化

　地球全体の温度が上昇する現象で、海面上昇や異常気象が発生し、生態系や農作物などにさまざまな悪影響を与えます。

原因　➡　化石燃料の燃焼による二酸化炭素（CO_2）などの温室効果ガスの排出。
　　　　　（CO_2 は地球から熱が放散されるのを妨げる）

対策　➡　気候変動枠組み条約（1992 年）…… 地球の CO_2 濃度の安定化をめざす
　　　　　京都議定書（1997 年）…… 先進国の CO_2 排出量削減目標を設定
　　　　　パリ協定（2015 年）…… 先進国だけでなく発展途上国も含めたすべての参加国が削減目標を設定

関連用語

● 排出権取引 …… 各国間・企業間で CO_2 の排出量の売買をする取引
● クリーン開発メカニズム …… 発展途上国の CO_2 削減の取り組みを援助したら、自国努力分にカウントできる制度

酸性雨

　ph5.6 以下の酸性の雨が降ると、土壌や川が酸性化してしまいます。化石燃料の燃焼により大気中に放出された硫黄酸化物や窒素酸化物が原因とされています。

オゾン層の破壊

　オゾン層は有害な紫外線が地上に届くのを防いでいます。オゾン層が破壊されると、皮膚ガンの増加や作物への悪影響が発生します。

原因　➡　フロンガスの放出（スプレー・クーラー・冷蔵庫などに使用されていた）
対策　➡　モントリオール議定書でフロンガスの全廃を決定（1987 年採択）

世界規模での環境への取り組み

1972 年：国連人間環境会議 …… 地球環境問題をテーマにした初の国際会議

開催都市：ストックホルム(スウェーデン)

・国連に国連環境計画(UNEP)を設置。

・人間環境宣言(経済成長から環境保護へ)の呼びかけ

・スローガン ➡「かけがえのない地球」

1992 年：国連環境開発会議 (地球サミット)

開催都市：リオデジャネイロ(ブラジル)

・リオ宣言 ➡「持続可能な開発を目指す」宣言

・アジェンダ 21(持続可能な開発を実現するための行動計画)

2002 年：持続可能な開発に関する世界首脳会議 …… アジェンダ 21 の実施状況を検証

開催都市：ヨハネスブルク(南アフリカ共和国)

現　在：国連環境計画を中心とした、環境破壊防止対策

関 連 用 語

◉ ラムサール条約 …… 水鳥のために湿地・湿原を保全することを定めた条約

◉ ワシントン条約 …… 絶滅のおそれのある野生動植物の国際取引に関する条約

◉ 生物多様性条約 …… 生物多様性保全を目的とした条約。1992 年の地球サミットで採択

◉ 名古屋議定書 …… 遺伝資源の公正的な利用と分配に関する取り決め

日本の環境問題への取り組み

　日本は高度経済成長（1955 ～ 1973 年頃）にともない環境汚染が深刻化し、現在に至るまでさまざまな環境保護に関する法律を制定してきました。

1967 年：公害対策基本法制定 （公害への対策を開始）

1971 年：環境庁発足

➡ 環境アセスメント制度の導入 （大規模開発事業の環境への影響を事前調査）

1993 年：環境基本法制定 （公害対策基本法にかわって制定）

2000 年：循環型社会形成推進基本法制定

➡ リデュース（廃棄物発生抑制）リユース（再利用）リサイクル（再生利用）

2001 年：環境省発足。家電リサイクル法施行

Step｜基礎問題

■ 各問の空欄に当てはまる語句をそれぞれ①〜③のうちから一つずつ選びなさい。

問1　地球全体の温度が上昇する現象を（　　　　）という。
　　　① 酸性雨　　② 地球温暖化　　③ オゾン層の破壊

問2　地球温暖化の原因となるのは（　　　　）である。
　　　① アンモニア　　② 二酸化炭素　　③ 塩化水素

問3　オゾン層破壊の原因となるのは（　　　　）である。
　　　① フロンガス　　② メタンガス　　③ シェールガス

問4　（　　　　）によって、先進国だけでなく発展途上国も含めたすべての参加国の二酸化炭素の削減目標が設定された。
　　　① パリ協定　　② 京都議定書　　③ モントリオール議定書

問5　1972年、地球環境問題をテーマにした初の国際会議である（　　　　）が行われた。
　　　① 国連人間環境会議　　② 国連環境開発会議
　　　③ 持続可能な開発に関する世界首脳会議

問6　国連環境開発会議では、（　　　　）が採択された。
　　　① 人間環境宣言　　② ヨハネスブルグ宣言　　③ アジェンダ21

問7　水鳥を保護するために湿地・湿原を保全することを定めた条約は（　　　　）である。
　　　① ラムサール条約　　② ワシントン条約　　③ 生物多様性条約

問8　絶滅のおそれのある野生動植物の国際取引に関する条約は（　　　　）である。
　　　① ラムサール条約　　② ワシントン条約　　③ 生物多様性条約

問9　政府の環境問題対策として、1971年には（　　　　）が設置された。
　　　① 自治省　　② 環境庁　　③ 資源エネルギー庁

問10　1971年、環境に与える影響を事前調査することを目的とした（　　　　）が導入された。
　　　① 公害対策基本法　　② 環境基本法　　③ 環境アセスメント制度

解　答

問1：②　問2：②　問3：①　問4：①　問5：①　問6：③　問7：①　問8：②
問9：②　問10：③

■ 次の文章を読んで、問1〜5に答えよ。

　環境問題は一つの国に限った課題ではなく、地球全体の課題となっている。1992年、リオデジャネイロで開催された　A　では、環境と開発の両立をめざす「持続可能な開発」という考えのもと、具体的な行動計画である「アジェンダ21」が採択された。しかし、環境問題に対して地球人類が一丸(いちがん)になって取り組むのは、決して平坦な道ではなく、先進国と発展途上国との利害の対立も存在する。地球温暖化の原因となる二酸化炭素の排出について、これまでは先進国のみが排出抑制の対象とされてきたのであるが、2015年に採択された　B　によって、先進国だけでなく発展途上国も含めたすべての参加国が排出抑制に取り組むことになった。

問1　文章中の　A　、　B　に当てはまる語句の組み合わせとして適切なものを、次の①〜④のうちから一つ選べ。

	A	B
①	国連人間環境会議	京都議定書
②	国連人間環境会議	パリ協定
③	国連環境開発会議	京都議定書
④	国連環境開発会議	パリ協定

問2　環境問題について述べた文として適切でないものを、次の①〜④のうちから一つ選べ。

　　①　オゾン層は有害な紫外線から地球を守っており、オゾン層を破壊するフロンガスはモントリオール議定書により規制されている。

　　②　地球環境問題をテーマにした国際会議のうち、1992年に行われた国連環境開発会議では、「持続可能な開発を目指す」ことについて具体的な目標を定めた。

　　③　温室効果ガスの削減目標を定めたパリ協定では、発展途上国を除いた先進国の削減目標が定められた。

　　④　ラムサール条約は、水鳥が必要とする湿地の保護について規定している。

問3　地球温暖化について述べた文として適切なものを、次の①～④のうちから一つ選べ。

① 2015年のパリ協定は、国連加盟国すべてが締結している。

② 地球温暖化により生態系への影響が懸念されており、農作物への被害も見られる。

③ 温暖化による海面上昇により、海抜の高い国々が水没の危機にさらされている。

④ 人口一人当たりに対する二酸化炭素排出量は、発展途上国のほうが多い。

問4　日本で行われている環境問題対策について述べた文として適切なものを、次の①～④のうちから一つ選べ。

① 資源の有効利用のために家電リサイクル法が施行され、廃家電についてはリサイクルが義務付けられた。

② 幅広い公害問題や環境問題に対応するために、1993年に公害対策基本法が制定された。

③ 3Rと呼ばれるリデュース・リユース・リサイクルのうち最も重視されているのは、リサイクルである。

④ 四大公害など、日本の公害が深刻化したのはバブル経済後である。

問5　地球環境問題と生態系の関連について述べた文として**適切でないもの**を、次の①～④のうちから一つ選べ。

① 生態系や生物多様性の維持に関わる条約のひとつに、ワシントン条約がある。

② 生態系の維持のためには、外来生物が果たす役割が重要であるとされている。

③ 1992年の地球サミットの場で、生物多様性条約が採択された。

④ 遺伝資源の利益の公平配分について、名古屋議定書が採択された。

解答・解説

問1：④

　空欄Aについて、1992年にリオデジャネイロで開催された環境会議は、「国連環境開発会議」です。空欄Bについて、発展途上国も含む参加国の二酸化炭素削減・抑制目標を定めたものは「パリ協定」です。したがって、正解は④です。なお、「国連人間環境会議」は1972年に行われた国際的な環境会議です。「京都議定書」は、先進国の二酸化炭素削減目標を定めたもので、パリ協定より前の1997年の内容となります。

問2：③

　③について、パリ協定は、先進国だけでなく発展途上国も含む参加国の温室効果ガス削減目標を定めたものです。したがって、正解は③です。

問3：②

　①について、パリ協定は国連加盟国すべてが締結しているわけではなく、アメリカなど離脱した国も存在します。よって、①は誤りです。③について、温暖化による海面上昇により、海抜の低い国々が水没の危機にさらされています。よって、③は誤りです。④について、二酸化炭素の人口一人当たりに対する排出量は先進国のほうが多くなっています。よって、④は誤りです。したがって、正解は②です。

問4：①

　②について、1993年に制定されたのは環境基本法です。公害基本法は同年に廃止されています。よって、②は誤りです。③について、３つのRのうち最も重視されているのは、リデュース（減らす）です。よって、③は誤りです。④について、四大公害など、日本の公害が深刻化したのは高度経済成長期となります。よって、④は誤りです。したがって、正解は①です。

問5：②

　外来生物はその地域で築かれた生態系に影響を及ぼし、バランスを崩すことが指摘されています。したがって、正解は②です。

7. 生命倫理

医療技術や科学技術の進歩により、現代は生命に対して操作できる範囲が拡大されつつあります。現在の技術と、それに対してどのような問題があるのかを学んでいきましょう。

Hop｜重要事項

バイオテクノロジーとその課題

　1997年、体細胞（たいさいぼう）から生まれたクローン羊のドリーが発表され、世界に衝撃を与えました。生命の誕生と操作に対する技術は日々進歩を続けており、それに対する課題も指摘されています。

- ● ヒトゲノム計画 …… ヒトのもつ遺伝情報全体をヒトゲノムという
  　　　　　　　　　　　　2003年に全配列の解読が完了
  - ・メリット　➡ 遺伝病を予防できる
  - ・デメリット ➡ 遺伝情報のプライバシーの問題、生命保険や就職、結婚での差別につながりかねない

- ● クローン …… ある動物の体細胞からまったく同じ遺伝情報を受け継いだ動物

- ● 遺伝子組み換え技術 …… 食物の遺伝子を組み換え、有益な遺伝子をもつ新品種を作ることができる
  - ・メリット　➡ 育ちが早く病気に強い品種をつくることによって砂漠化や食糧問題の解決が期待できる
  - ・デメリット ➡ 生態系への影響、人体への予期せぬ影響のおそれ

現代では、生殖技術（せいしょくぎじゅつ）や遺伝子組み換え、臓器移植（ぞうきいしょく）などさまざまなことが可能になったが、命をどこまで操作してよいのだろうか……？こういったことを考えるのが、生命倫理の分野です。

💡 医療と生命倫理

医療の目覚ましい進歩により、人が生きること、死ぬことに対して人が操作できる範囲が広がりました。そして近年では、ただ生きるのではなく「どのように生きるのか」を重視する「生命の質」(クオリティ・オブ・ライフ= QOL)が注目されています。

脳死と臓器移植

1997 年：臓器移植法制定 ➡ 臓器移植の場合にのみ、脳死を人の「死」として認定

2009 年：同法改正により臓器提供は家族の意思だけで可能、15 歳未満からの提供も可能に

再生医療

失った臓器を自ら再生させる技術。どんな細胞にも変化できる万能細胞への注目が高まっています。

- ◉ ES 細胞 …… 受精卵を培養してつくられる
  - ➡ 命の芽をつむ倫理的問題、臓器移植による拒否反応のおそれ
- ◉ iPS 細胞 …… 患者自らの体細胞を培養してつくられる
  - ➡ ES 細胞の課題をクリアできる

生命の誕生に関わる問題

- ◉ 人工授精 …… 精製した精液を子宮に送り込むことで受精を促す
- ◉ 体外受精 …… 体外で受精した卵子を子宮内に戻す
- ◉ 代理出産 …… 精子や卵子を提供し、第三者が出産する
- ◉ 出生前診断 …… 羊水検査や着床前検査など、妊娠初期に子どもの染色体異常や遺伝異常を調べる ➡ 命の選別につながるおそれ

終末医療に関わる問題

- ◉ 安楽死 …… 回復の見込みのない病に侵されている患者の希望により、苦痛の少ない方法で死なせること
- ◉ 尊厳死 …… 延命治療を拒み、自らの意思で死を選ぶこと
- ◉ リビング・ウィル …… 尊厳死の事前宣言書
- ◉ セカンド・オピニオン …… より良い治療方法を選ぶため、別の医師に「第 2 の意見」を求めること
- ◉ インフォームド・コンセント …… 医師が治療方針を説明し、患者の納得のもと治療が行われること

 Step｜基礎問題

(　)問中(　)問正解

■ 各問の空欄に当てはまる語句をそれぞれ①～③のうちから一つずつ選びなさい。

問1 「どのように生きるのか」を重視する考え方を（　　　　）という。
　　　① セカンド・オピニオン　　　② リビング・ウィル
　　　③ クオリティ・オブ・ライフ

問2 （　　　　）によって、有益な遺伝子をもつ新品種をつくることができる。
　　　① 遺伝子組み換え技術　　② 再生医療　　③ ヒトゲノム計画

問3 失った臓器を自ら再生させる技術を（　　　）という。
　　　① 遺伝子組み換え技術　　　② 再生医療　　　③ ヒトゲノム計画

問4 患者自らの体細胞を培養してつくられる細胞は（　　　　）である。
　　　① 体細胞　　② ES細胞　　③ iPS細胞

問5 回復の見込みのない患者の希望により、苦痛の少ない方法で死なせることを
　　　（　　　）という。
　　　① 安楽死　　② 尊厳死　　③ 脳死

問6 　より良い治療方法を選ぶため、別の医師に「第2の意見」を求めることを
　　　（　　　）という。
　　　① セカンド・オピニオン　　　　② リビング・ウィル
　　　③ インフォームド・コンセント

問7 医師が治療方針を説明し、納得のもと治療が行われることを（　　　）という。
　　　① セカンド・オピニオン　　　　② リビング・ウィル
　　　③ インフォームド・コンセント

問8 臓器移植法制定により、臓器移植の場合のみ（　　　）が人の「死」となった。
　　　① 心肺停止　　② 安楽死　　③ 脳死

問9 臓器移植法改正により、（　　　）歳未満からの臓器提供が可能となった。
　　　① 25　　② 20　　③ 15

問10 遺伝子組み換え技術により、（　　　）が期待されている。
　　　① 人口増加の抑制　　② 食糧問題の解決　　③ 延命治療の進展

解 答

問1：③　問2：①　問3：②　問4：③　問5：①　問6：①　問7：③　問8：③
問9：③　問10：②

■ 次の会話文を読んで、問1〜3に答えよ。

みどり：花衣さん、今日学習した尊厳死や安楽死について、授業が終わってから深く考え込んでしまったのだけれど、安楽死は日本では認められていないのよね？

花　衣：そうね。この前、資料集を見ていたら、患者さんに頼まれて安楽死をさせた医者が逮捕されたことがあると知ったわ。

みどり：海外には安楽死を認めている国もあるというけれど、賛成と反対どちらの考えも理解できるわ。どんな人にも生きる権利があるし、幸せに生きてほしいもの。

花　衣：難しい問題だよね。自分のことは自分で決める権利である　A　があるっていうけれど、自分の命は自分だけの問題ではないと私は思うな。

みどり：医療といえば、iPS細胞みたいな万能細胞が一般的に普及したら、人はどのように生きていくようになるのかしらね。

花　衣：どうなんだろうね。　B　はもう実用化が始まっているんだもんね。

問1　会話文中の　A　、　B　に当てはまる語句の組み合わせとして適切なものを、次の①〜④のうちから一つ選べ。

	A	B
①	基本的人権	再生医療
②	基本的人権	遺伝子組み換え技術
③	自己決定権	再生医療
④	自己決定権	遺伝子組み換え技術

問2　生命倫理に関する用語の説明として**適切でないもの**を、次の①〜④のうちから一つ選べ。
　　① 複数の医師に意見やアドバイスを求めることをセカンド・オピニオンという。
　　② 遺伝子組み換えの例として、病気に強い野菜や早く育つ魚の育成などがある。
　　③ 現在の臓器移植法は15歳未満の子どもに関しては対象外とされている。
　　④ ホスピスは終末医療を行う施設であり、クオリティ・オブ・ライフの実現に貢献している。

問3　遺伝子や生命、その操作に関する説明として適切なものを、次の①～④のうちから一つ選べ。

　　　① ある動物の体細胞からまったく同じ遺伝子を受け継いだ動物をクローンといい、日本ではクローン人間の研究も進められている。

　　　② 日本において、遺伝子組み換え食品を使用した加工食品については、その表示を明記する必要はない。

　　　③ ES細胞は万能細胞と呼ばれており、患者自身の体細胞からつくられることから、拒絶反応の心配はないとされている。

　　　④ 出生前診断や代理出産など、生命誕生をどこまで操作してもよいかは賛否が分かれており、その技術の応用については倫理的課題がある。

■ 問4と問5の空欄に当てはまる語句を、それぞれ①～④のうちから一つずつ選びなさい。

問4　宗教上の理由から、ある患者は輸血を拒否した。これは人権のうち、（　　　　　）の例である。

　　　① 自己決定権　　② 環境権　　③ 社会権　　④ 生存権

問5　生命の誕生に関して、命の選別につながる可能性があるものとして**適切でないもの**は、（　　　　）である。

　　　① 出生前診断　　② インフォームド・コンセント

　　　③ ES細胞　　　④ クローン技術

解答・解説

問1：③

　空欄Aについて、この会話は尊厳死に関する会話であり、生きるか死ぬかを選択することについてふれられています。よって、空欄Aには、自分のことは自分で決める権利である「自己決定権」が当てはまります。空欄Bについて、会話文中にある万能細胞は再生医療の側面で期待が寄せられています。よって、空欄Bには「再生医療」が当てはまります。したがって、正解は③です。

問2：③

　2009年に臓器移植法が改正され、臓器提供者の年齢制限は撤廃されました。したがって、正解は③です。

問3：④

　①について、クローン人間の研究は、日本ではクローン技術規制法で規制されています。よって、①は誤りです。②について、日本においては、遺伝子組み換え食品を使用した加工食品については、その表示を明記する必要があります。よって、②は誤りです。③について、ES細胞は受精卵からつくられるため、他人のものを移植すれば拒絶反応の心配があります。よって、③は誤りです。したがって、正解は④です。

問4：①

　輸血に対する希望について自らの意思を伝えることは、自己決定権の例となります。したがって、正解は①です。

問5：②

　インフォームド・コンセントとは、医師が治療方針を説明し、患者の納得のもと治療が行われることです。したがって、正解は②です。

第2章
現代の国家と民主政治

1. 民主政治の基本原理

この単元では、日本を含むさまざまな国がどのように国を治めている
のか、その統治方法と民主主義の基本原理を学びます。頻出分野とな
りますので、丁寧に理解していきましょう。

民主主義とは？

　民主主義とは、政治の主権は国民にあるという考え方です。昔は権力者や資本家が政
治に参加し、民衆はそれに従って生活していました。今は多くの国で国民の政治参加が
進み、民主的な国家となっています。

民主主義の基本原理

- 国民主権 …… 国のあり方を決める権利は国民一人一人にある
- 基本的人権の尊重 …… 人間が生まれながらにしてもつ権利（自然権）を尊重する
- 権力分立 …… 政治権力を複数の機関が分散してもつ（チェック・アンド・バランス。
　　　　　　　　各機関がお互いに監視、抑制しあうシステム。モンテスキューが提唱）
　　　　　　　例 日本の三権分立（立法 … 国会、行政 … 内閣、司法 … 裁判所）

民主主義の形

　民主主義は、国民がどのようなかたちで政治参加するのかによって、大きく２つに分
けることができます。

- 直接民主制 …… 国民が直接的に意思決定をする
- 間接民主制 …… 国民が選挙で代表者を選び、代表者を介して意思決定をする

直接民主制は、人数が多いと実現が難しいです。そこで、国の政治の
場合は間接民主制をとることが多くなっています。

🔮 民主主義獲得までの流れ

民主主義獲得までの流れは国によって異なりますが、いずれの国も、おおよそ「人の支配」から「法の支配」へと移っていきました。

絶対王政……王の権力が絶対的な体制。この強権は神から授かった（王権神授説）
として支配を正当化（16 〜 18 世紀のヨーロッパ）➡ 人の支配

市民革命……市民が絶対王政を倒し、近代民主国家が誕生

王であろうとも、法の下にある➡ 法の支配

🔮 社会契約説

社会契約説とは、人々の生まれながらにしてもつ権利（自然権）が守られる社会にするために、人々が合意のうえで（＝契約を交わして）国家がつくられたという考えで、市民革命を正当化する考え方となりました。

項目	ホッブズ(英) （1588〜1679）	ロック(英) （1632〜1704）	ルソー (仏) （1712〜1778）
著書	『リヴァイアサン』	『市民政府二論』	『社会契約論』 『エミール』
ポイント	国王に絶対服従	革命権・抵抗権 を認める	直接民主制を主張
社会契約 の考え方	人間には自然権があるが、個人が自然権を追求すると競争状態になるため、共通の権力として国家が必要 ➡ 自然権を主権者にゆだねるべきである	自然権を守るために政府があるが、政府に権限の濫用があったときには、人々はその権限を取り戻すことができる	人民どうしが契約によって社会をつくり、政府は人民による一般意思に基づいて政治をするべきである

🦉 人権保障と各国の民主主義の歴史

イギリス

13 世紀：「マグナ・カルタ」

➡ ジョン王の圧政に対し、貴族や僧侶が抗議
王であろうとも、正統な手続きで法律を定めなければ、課税や逮捕ができない
ことを認めさせた（王の権力の制限を認めさせた）

17 世紀：「権利請願」➡「清教徒（ピューリタン）革命」➡「名誉革命」

➡ 絶対王政を復活させたチャールズ 1 世に対し、人々は「マグナ・カルタ」の再
確認を要請（権利請願）。王はこれを無視したため、国王は処刑される（清教
徒革命）

➡ その後も暴君が現れたが、名誉革命で追放

➡ イギリスは議会を中心に治められるようになり、「国王は君臨すれども統治せ
ず」となる（今日のイギリスは文書化された憲法はなく、上記の権利文書を憲
法として使用している◀ 不文憲法）

アメリカ

18 世紀：独立戦争の際に、**ヴァージニア権利章典**と**アメリカ独立宣言**を発表

➡ 万人は平等につくられ、**天賦の権利**を付与された
これらの権利を確保するために、人類の間に政府が組織され、
この目的を政府が果たさない場合、人々に抵抗権と革命権を認める

フランス

18 世紀：フランス革命の際に、フランス人権宣言を発表

➡「人は自由かつ平等なものとして出生し、かつ生存する」

ドイツ

20 世紀：ワイマール憲法

➡ 国家が積極的に介入し、「人間たるに値する生活」（**生存権**）を保障

🔍 さまざまな国の政治の仕組み

	議院内閣制	大統領制	社会主義体制
代表的な国	イギリス・日本	アメリカ	中国
元首 (げんしゅ)	君主	大統領	国家主席
特徴	首相は議会の多数を占める政党から選ばれ、内閣は議会に対して連帯して責任を負う	議会から独立した地位にある大統領が行政府の長となり、強いリーダーシップを発揮する	人民の代表機関である全国人民代表大会（全人代）に権力が集中

※中国の社会主義体制を民主集中制と表現する場合もあります。

日本・イギリス … 議院内閣制

- 選挙で選ばれた**議員が国民の代表として首相を選出する**。内閣は議会の信任に拠って存在するため内閣は議会に連帯して責任を負う
- 内閣・議会ともに法案が提出できる
- 内閣は議会を解散する権利をもつ
- 議会は内閣を不信任する権利をもつ

アメリカ … 大統領制

- 厳格な三権分立がとられており、大統領は法案を議会に提出する権限はないが、教書により立法を勧告できる
- 大統領の**任期は4年**で、三選（3回連続で大統領を務めること）は禁止
- 大統領には、議会の可決した法案を拒否する**拒否権**がある
- 連邦制のため、各州がかなり強い自治権をもつ

中国 … 社会主義体制

- 全国人民代表大会（全人代）に権力が集中しているが、共産党による一党独裁体制
- 元首は国家主席

※天安門事件（1989年）では民主化運動の弾圧、チベット騒乱（2008年）では自治を求めるチベットに対して弾圧をしている。

人権保障の国際化

　第二次世界大戦中、人権保障を各国の国内だけでなく、世界に広げていこうという動きがおこり、人権に関する国と国との約束(条約)が結ばれていきました。

◉ 世界人権宣言（1948 年）…… 基本的人権は全世界で達成すべき共通の基準と位置づけ（ただし、法的拘束力なし）

◉ 国際人権規約（1966 年）…… 世界人権宣言に法的拘束力をもたせたもの

◉ 難民の地位に関する条約（1951 年）…… 難民の追放・送還の禁止

➡ ノン・ルフールマンの原則

◉ 人種差別撤廃条約（1965 年）…… あらゆる形態の人種差別撤廃をめざす

◉ 子どもの権利条約（1989 年）…… 子供は大人の従属物ではなく権利行使の主体

◉ 女子差別撤廃条約（1979 年）…… あらゆる女性差別の撤廃と女性の社会参加を求める

（　　）問中（　　）問正解

■ 各問の空欄に当てはまる語句をそれぞれ①～③のうちから一つずつ選びなさい。

問1　「人々の生まれながらにもつ権利を守るために、国家は人々の合意により成立する」という考え方を（　　　　）という。
　　　① 社会契約説　　② 社会主義体制　　③ チェック・アンド・バランス

問2　社会契約説の影響を受けて、民主的な社会をつくるために人々がおこした革命を（　　　　）という。
　　　① 産業革命　　② 市民革命　　③ 人口革命

問3　民主主義の3つの原理のうち、国の政治のあり方を決める権利は国民一人一人にあるのだということを指すのは（　　　　）である。
　　　① 国民主権　　② 権力分立　　③ 基本的人権の尊重

問4　民主主義の3つの原理のうち、人間が生まれながらにもっている権利を尊重することを指すのは（　　　　）である。
　　　① 国民主権　　② 権力分立　　③ 基本的人権の尊重

問5　民主主義の3つの原理のうち、政治権力を複数の機関に分散してもたせることを指すのは（　　　　）である。
　　　① 国民主権　　② 権力分立　　③ 基本的人権の尊重

問6　権力者であっても、法の下にあるという考えを（　　　　）という。
　　　① 人の支配　　② 法の支配　　③ 法治主義

問7　日本やイギリスでは（　　　　）がとられている。
　　　① 社会主義体制　　② 議院内閣制　　③ 大統領制

問8　国民が選んだ代表者による議会が、首相を選んだり内閣を信任したりする制度を（　　　　）という。
　　　① 大統領制　　② 議院内閣制　　③ 社会主義体制

問9　アメリカでは（　　　　）がとられている。
　　　① 大統領制　　② 議院内閣制　　③ 社会主義体制

問10　中国の政治の仕組みは（　　　　）である。
　　　① 議院内閣制　　② 大統領制　　③ 社会主義体制

解　答

問1：①　問2：②　問3：①　問4：③　問5：②　問6：②　問7：②　問8：②

問9：①　問10：③

■ 次の文章を読んで、問 1 に答えよ。

　社会契約説とは、人間が生まれながらにもつ　A　が守られる社会にするために、人々が合意のうえで国家がつくられたという考えである。

　社会契約説を唱えた哲学者のうち、イギリスのロックは、政府に権限の濫用（らんよう）があったときには、人々はその権限を取り戻すことができるとして　B　を主張した。ロックの思想はアメリカ独立革命やフランス革命に影響を与えた。また、フランスのルソーは、民主主義の理想的なかたちとして　C　を主張した。

問 1　文章中の　A　、　B　、　C　に当てはまる語句の組み合わせとして適切なものを、次の①〜④のうちから一つ選べ。

	A	B	C
①	基本的人権	革命権	直接民主制
②	基本的人権	一般意思	間接民主制
③	自然権	革命権	直接民主制
④	自然権	一般意思	間接民主制

■ 次の問いを読み、問 2 〜 5 に答えよ。

問 2　各国の民主主義獲得の歴史について述べた文として**適切でない**ものを、次の①〜④のうちから一つ選べ。
　　　① アメリカ独立戦争の際に発表された文書は「法の精神」である。
　　　② ドイツでは 20 世紀に社会権について規定した「ワイマール憲法」を採用した。
　　　③ 13 世紀、イギリスは「マグナ・カルタ」により、王に課税権や逮捕権の制限を認めさせた。
　　　④ 1689 年の権利請願（権利章典）後、イギリス国王は「君臨すれども統治せず」の原則が確立した。

問3　日本やイギリスでの内閣と議会の関係について述べた文として**適切でないもの**を、次の①〜④のうちから一つ選べ。

　　①　議会は内閣を不信任することができる。

　　②　内閣は議会を解散させることができる。

　　③　内閣は議会で可決された法案を拒否することができる。

　　④　内閣は首相を選出した議会に連帯して責任を負う。

問4　アメリカ大統領について述べた文として適切なものを、次の①〜④のうちから一つ選べ。

　　①　議会で可決された法案を拒否できる。

　　②　議会を解散させることができる。

　　③　法案を提出することができる。

　　④　議会と連帯して責任を負う。

問5　基本的人権の国際化について述べた文として適切なものを、次の①〜④のうちから一つ選べ。

　　①　1966年に採択された国際人権規約は、世界人権宣言の内容を条約化して拘束力をもたせたものである。

　　②　1948年に採択された世界人権宣言には法的拘束力がある。

　　③　国際人権規約にはA規約（社会権規約）とB規約（自由権規約）があり、日本はいずれの選択議定書も批准している。

　　④　子どもの権利条約は、子どもを保護対象として、親および保護者に関する権利について規定している。

解答・解説

問 1 ：③

　空欄 A について、社会契約説とは、人間が生まれながらにもつ権利である「自然権」が守られる社会にするために、人々が合意のうえで国家がつくられたという考えです。空欄 B と C について、イギリスのロックは、政府に権限の濫用があったときには「革命権」を行使してもよいと主張しました。また、フランスのルソーは、間接民主制を批判し、「直接民主制」の大切さを説きました。したがって、正解は③です。

問 2 ：①

　アメリカ独立戦争の際に発表された文書は、「ヴァージニア権利章典」です。したがって、正解は①です。

問 3 ：③

　③は、大統領制の説明です。議院内閣制では、可決された法案を内閣が拒否することはできません。したがって、正解は③です。

問 4 ：①

　アメリカ大統領は、議会で可決された法案を適当だと思えないときには、それを拒否する「拒否権」をもっていますが、議会を解散させたり議会に法案を提出したりする権利はもっていません。したがって、正解は①です。

問 5 ：①

　②について、世界人権宣言には法的拘束力はありません。よって、②は誤りです。③について、日本は選択議定書の一部を留保して批准しています。よって、③は誤りです。④について、子どもの権利条約は、子どもを基本的人権をもつ主体として扱い、各種の権利について規定しています。よって、④は誤りです。したがって、正解は①です。

2. 日本国憲法の制定と基本原理

憲法は国家づくりのマニュアルであり、法律は憲法に基づいてつくられます。巻末に日本国憲法の全文がありますので、一度目を通してみましょう！　現在使用している日本国憲法と、過去の大日本帝国憲法の違いに注目して学習しましょう！

 Hop｜重要事項

日本国憲法（1946年11月3日公布、翌年5月3日施行）

　日本国憲法は明治〜終戦（1945年）までの間に使用されていた大日本帝国憲法の反省に基づいてつくられており、戦前にはほとんど守られなかった国民の権利に関する第3章に多くの条文を割いた憲法に生まれ変わりました。

《日本国憲法公布までの流れ》

大日本帝国憲法（侵略戦争、自由の弾圧、主権は天皇）

第二次世界大戦の結果、日本はポツダム宣言を受諾し、無条件降伏
連合国軍は日本に対して軍国主義からの脱却・民主化を要求

日本国憲法の公布へ

日本国憲法の基本原理

- ◉ 国民主権 …… 政治のあり方を決める権利は国民一人一人にある
  ➡ 象徴天皇（天皇は政治に関与しない）

- ◉ 基本的人権の尊重 …… 人間が生まれながらにもつ権利 ➡ 永久不可侵

- ◉ 平和主義

第9条【戦争の放棄、戦力及び交戦権の否認】

1 日本国民は、正義と秩序を基調とする国際平和を誠実に希求し、国権の発動たる戦争と、武力による威嚇又は武力の行使は、国際紛争を解決する手段としては、永久にこれを放棄する。

2 前項の目的を達するため、陸海空軍その他の戦力は、これを保持しない。国の交戦権は、これを認めない。

憲法第 9 条と自衛隊問題

　憲法第 9 条では、国際紛争を解決する手段として武力行使はしないし、そのための戦力も永久にもたず、国の交戦権も認めないと述べられています。ところが、日本には自衛隊が存在しており、その位置付けが問題となっています。

◉ 政府の見解 …… 9 条 1 項：自衛戦争は放棄していない

9 条 2 項：一切の戦力を放棄した

自衛隊は「戦力」にあたらない

自衛隊は合憲

憲法改正の手続

- 「各議院の総議員の 3 分の 2 以上の賛成」による国会の発議
- 国民の過半数の賛成による承認
- 天皇が国民の名で公布

※日本国憲法は改正にあたり通常の法律の立法手続よりも厳格な手続を必要とするので、硬性憲法と呼ばれる。

第 96 条【改正の手続、その公布】

1 この憲法の改正は、各議院の総議員の三分の二以上の賛成で、国会が、これを発議し、国民に提案してその承認を経なければならない。この承認には、特別の国民投票又は国会の定める選挙の際行はれる投票において、その過半数の賛成を必要とする。

2 憲法改正について前項の承認を経たときは、天皇は、国民の名で、この憲法と一体を成すものとして、直ちにこれを公布する。

💡 日本国憲法と大日本帝国憲法の比較

日本国憲法と大日本帝国憲法を比較して、相違点（日本国憲法は民定憲法で、大日本帝国憲法は欽定憲法、日本国憲法には地方自治の規定があるなど）を押さえておきましょう。

項目	日本国憲法 1946年11月3日公布	大日本帝国憲法 1889年2月11日公布
形式	民定憲法	欽定憲法
主権者	国民	天皇
天皇	象徴 内閣の助言と承認のもと国事に関する行為のみを行う	統治権を総攬する元首
戦争・軍隊	平和主義・戦争放棄・戦力不保持	臣民には兵役の義務
人権	すべての人間が生まれながらにしてもつ権利、公共の福祉に反しない限り最大限尊重される	天皇により臣民に与えられた権利、法律の範囲内で認められる
国会	国権の最高機関で唯一の立法機関 衆議院と参議院	天皇の協賛機関 衆議院と貴族院
内閣	国会に対し、連帯して責任を負う	内閣の規定はなし、国務大臣は天皇を輔弼する
裁判所	司法権の独立 違憲立法審査権をもつ	天皇の名において裁判を行う 違憲立法審査権なし
地方自治	地方自治の尊重	規定なし
改正	各議院の総議員の3分の2以上の賛成 ➡ 国会が発議 ➡ 国民投票で過半数の賛成 ➡ 天皇が国民の名で公布	天皇の発議 ➡ 各議院で総議員の3分の2以上が出席し、その3分の2以上の賛成

※民定憲法：人民が制定する憲法のこと。日本国憲法は民定憲法
　欽定憲法：君主が制定する憲法のこと。大日本帝国憲法は欽定憲法
　違憲立法審査権：国会で制定した法律などが憲法に違反していないかを裁判所で審査する権限

大日本帝国憲法は、天皇の権限に関する記述が多いことがポイントですね！

Step｜基礎問題

■ **各問の空欄に当てはまる語句をそれぞれ①～③のうちから一つずつ選びなさい。**

問 1　現在の日本の国としての基本的ルールと言うべき決まりは（　　　　）である。
　　　　①　大日本帝国憲法　　②　日本国憲法　　③　世界人権宣言

問 2　日本国憲法は（　　　　）年に公布された。
　　　　①　1945　　②　1946　　③　1947

問 3　明治時代から第二次世界大戦までの日本の憲法は（　　　　）である。
　　　　①　大日本帝国憲法　　②　日本国憲法　　③　世界人権宣言

問 4　大日本帝国憲法では、主権をもっているのは（　　　　）だとされていた。
　　　　①　国民　　②　総理大臣　　③　天皇

問 5　第二次世界大戦の終戦に向け、日本が連合国軍から受け入れを求められたのは
　　　（　　　　）である。
　　　　①　ポツダム宣言　　②　世界人権宣言　　③　天皇制

問 6　日本国憲法の基本原理のうち、政治のあり方を決める権利は国民一人一人にあ
　　　るということを指しているのは（　　　　）である。
　　　　①　国民主権　　②　基本的人権の尊重　　③　平和主義

問 7　日本国憲法の基本原理のうち、人間が生まれながらにもつ権利を尊重するとい
　　　うことを指しているのは（　　　　）である。
　　　　①　国民主権　　②　基本的人権の尊重　　③　平和主義

問 8　日本国憲法の基本原理のうち、過去の侵略戦争を反省し、平和な社会をつくっ
　　　ていくことを表わしているのは（　　　　）である。
　　　　①　国民主権　　②　基本的人権の尊重　　③　平和主義

問 9　平和主義の具体的な内容として、適さないものは（　　　　）である。
　　　　①　戦力の不保持　　②　戦争の放棄　　③　交戦権の主張

問 10　国際紛争を解決する手段としては武力を永遠に使わないということが明記さ
　　　れているのは憲法（　　　　）である。
　　　　①　第 9 条　　②　第 25 条　　③　第 13 条

解答

問 1：②　問 2：②　問 3：①　問 4：③　問 5：①　問 6：①　問 7：②　問 8：③
問 9：③　問 10：①

（　）問中（　）問正解

■ 次の文章を読んで、問1〜5に答えよ。

　大日本帝国憲法の下では、天皇が主権をもっていたが、日本国憲法においては、主権は　A　がもち、天皇は日本と日本国民統合の象徴であるとされた（象徴天皇制）。

　日本の憲法は改正しにくい硬性憲法であり、日本国憲法の改正には、衆議員・参議院の各議員の総議員の3分の2以上の賛成によって国民に発議され、国民投票で過半数の賛成を得たのちに、　B　が公布する。

問1　文章中の　A　、　B　に当てはまる語句の組み合わせとして適切なものを、次の①〜④のうちから一つ選べ。

A	B
① 内閣総理大臣	天皇
② 国民	内閣総理大臣
③ 内閣総理大臣	内閣総理大臣
④ 国民	天皇

問2　大日本帝国憲法と日本国憲法について述べた文として適切なものを、次の①〜④のうちから一つ選べ。

　　①大日本帝国憲法において、人権は生まれながらにして与えられるものと考えられていた。

　　②大日本帝国憲法において、天皇は神聖不可侵な日本国民の象徴であるとされた。

　　③日本国憲法において、天皇は、内閣の助言と承認のもと、国事に関する行為のみを行う。

　　④日本国憲法は、第一次世界大戦後に連合国の要請によって制定された憲法である。

問3　日本国憲法について述べた文として**適切でないもの**を、次の①～④のうちから一つ選べ。

①憲法9条は、国際紛争を解決する手段として、武力は行使しないとしている。

②大日本帝国憲法に記載がなかった社会権に関しての規定が加えられた。

③日本国憲法で定められた内容に反する法律の制定は認められていない。

④憲法9条は戦力不保持をうたっており、自衛のための戦力も認めていない。

問4　日本国憲法について述べた文として**適切でないもの**を、次の①～④のうちから一つ選べ。

①日本国憲法の三原則は、国民主権・基本的人権の尊重・平和主義である。

②日本国憲法は民定憲法である。

③日本国憲法には、地方自治についての規定がある。

④日本国憲法の改正には、各議員の出席議員の3分の2以上が賛成し、国会の発議が必要である。

問5　日本国憲法について述べた文として**適切でないもの**を、次の①～④のうちから一つ選べ。

①内閣は国会に対し、連帯して責任を負う。

②国会は国権の最高機関で唯一の立法機関であり、衆議院と貴族院がある。

③天皇は、内閣の助言と承認のもと国事に関する行為のみを行う。

④人権はすべての人間が生まれながらにしてもつ権利として、公共の福祉に反しない限り最大限尊重される。

🔑 解答・解説

問1：④

　空欄Aについて、日本国憲法においては、主権は「国民」がもつ国民主権となっています。空欄Bについて、日本国憲法の改正が行われた際には、「天皇」が国民の名において公布します。したがって、正解は④です。

問2：③

　①と②について、大日本帝国憲法において、人権は天皇により臣民に与えられた権利とされていました。また、天皇は統治権を総攬する元首であるとされていました。よって、①と②は誤りです。④について、日本国憲法は第二次世界大戦の後に、連合国の要請によって制定された憲法です。よって、④は誤りです。したがって、正解は③です。

問3：④

　適切でないものは④です。憲法第9条は戦力不保持をうたっていますが、自衛のための戦力は放棄していません。

問4：④

　適切ではないものは④です。各議院の「出席」議員ではなく、各議院の「総」議員の3分の2以上が賛成し、国会の発議が必要となります。

問5：②

　適切でないものは②です。日本国憲法では衆議院と参議院があります。

3. 日本国憲法と基本的人権の尊重

前の単元では、日本国憲法の基本原理のひとつである「基本的人権の尊重」についてふれましたが、それでは「人権」とは具体的にどのようなものをいうのでしょうか？　この単元では、憲法に規定されている人権とその内容について確認していきましょう！

Hop｜重要事項

人権の分類

　人権には大きく分類して自由権・平等権・社会権・請求権があります。

自由権（別名：国家からの自由）

　国家権力でも侵すことのできない個人の権利で、権力による束縛や強制からの解放に関する権利です。

自由権	人身（身体）の自由	奴隷的拘束および苦役からの自由
		法定手続きの保障 （法による手続きを経ずに自由を奪われたり、刑罰を課されたりしない権利）
		不当逮捕の禁止
		拷問・残虐刑の禁止
	精神の自由	思想・良心の自由
		信教の自由 （どのような宗教を信じてもよい。ただし、国およびその機関は、宗教活動をしてはいけない＝政教分離の原則）
		集会・結社・表現の自由
		学問の自由
	経済の自由	居住・移転および職業選択の自由
		財産権の保障 （不当に財産を奪われない権利。ただし、正当な補償の下で、公共のために用いられることがある）

関連用語

- 令状主義……逮捕・捜索・押収には裁判官の発する令状が必要（現行犯逮捕を除く）
- 遡及処罰の禁止……当時適法であった行為について後にできた法律で処罰できない

平等権

平等権とは、すべての国民が権利において平等であるとする権利です。

平等権	個人の尊重
	法の下の平等 （人種や信条・社会的身分などによって、法的に差別されない）
	男女の本質的平等
	参政権の平等

社会権（別名：国家による自由）

社会権とは、社会的・経済的弱者を守るための人権です。

社会権	生存権
	教育を受ける権利
	勤労の権利
	勤労者の団結権・団体交渉権・団体行動権 （これらをあわせて労働三権または労働基本権という）

第25条【生存権、国の社会的使命】

1 すべて国民は、健康で文化的な最低限度の生活を営む権利を有する。

2 国は、すべての生活部面について、社会福祉、社会保障及び公衆衛生の向上及び増進に努めなければならない。

第26条【教育を受ける権利、教育の義務】

1 すべて国民は、法律の定めるところにより、その能力に応じて、ひとしく教育を受ける権利を有する。

2 すべて国民は、法律の定めるところにより、その保護する子女に普通教育を受けさせる義務を負ふ。義務教育は、これを無償とする。

第27条【勤労の権利及び義務、勤労条件の基準、児童酷使の禁止】

1 すべて国民は、勤労の権利を有し、義務を負ふ。

2 賃金、就業時間、休息その他の勤労条件に関する基準は、法律でこれを定める。

3 児童は、これを酷使してはならない。

第28条【勤労者の団結権】

勤労者の団結する権利及び団体交渉その他の団体行動をする権利は、これを保障する。

請求権

　請求権とは、不当な扱いを受けたときに、国や地方公共団体に対して救済を求めることができる権利です。

請求権	請願権 （国や地方に苦情や希望を申し出る権利）
	裁判を受ける権利
	国家賠償請求権 （公務員の不法行為に対して、損害賠償を請求できる権利）
	刑事補償請求権 （冤罪によって人身拘束が行われた場合、補償を求めることができる権利）

新しい人権

　憲法に書かれていませんが、社会状況の変化によって主張されるようになった権利があります。この「新しい人権」は憲法に書かれている幸福追求権（第 13 条）と生存権（第 25 条）を根拠としています。

新しい人権	環境権 （良好な環境に住み、生活する権利 ➡ 日照権・禁煙権など）
	プライバシーの権利 （個人情報をみだりに公開されない権利 ➡ 個人情報保護法）
	知る権利 （主に行政機関が保有する情報の公開を求める権利 ➡ 情報公開法）
	アクセス権 （マスメディアを通して、意見や反論を述べる権利）
	自己決定権 （自分のことは自分で決める権利）

「公共の福祉」の原理

　人権は無制限に保障されるわけではなく、「他の人に迷惑をかけない限り」保障されます。この「他の人に迷惑をかけない限り」ということを、憲法では「公共の福祉」という言葉で表現しています。 例 人権は公共の福祉に反しない限り、保障されます。

Step | 基礎問題

■ 各問の空欄に当てはまる語句をそれぞれ①〜③のうちから一つずつ選びなさい。

問1　自由権は別名（　　　　　）と呼ばれている。
　　　　　① 国家からの自由　　② 国家への自由　　③ 国家による自由

問2　自由権のうち、思想の自由や学問の自由は（　　　　）といわれる。
　　　　　① 身体の自由　　② 経済の自由　　③ 精神の自由

問3　自由権のうち、職業選択の自由や財産権の保障は（　　　　）といわれる。
　　　　　① 身体の自由　　② 経済の自由　　③ 精神の自由

問4　人間らしい生活を営む権利を総称して（　　　　）という。
　　　　　① 社会権　　② 平等権　　③ 勤労権

問5　社会権に含まれないのは（　　　　）である。
　　　　　① 勤労権　　② 選挙権　　③ 生存権

問6　社会権のうち、健康で文化的な最低限度の生活を営む権利を（　　　　）という。
　　　　　① 知る権利　　② 勤労権　　③ 生存権

問7　労働基本権の内容として適切でないものは（　　　　）である。
　　　　　① 団体自治権　　② 団体交渉権　　③ 団体行動権

問8　労働基本権のうち、労働者たちが団結して、労働組合のような団体をつくる権利を（　　　　）という。
　　　　　① 団結権　　② 団体交渉権　　③ 団体行動権

問9　近年、新しく基本的人権の一部であると考えられるようになった権利としてふさわしくないのは（　　　　）である。
　　　　　① 勤労権　　② 知る権利　　③ 環境権

問10　知りたいと思った情報を公開するよう求めることができる権利を（　　　　）という。
　　　　　① 知る権利　　② プライバシーの権利　　③ 環境権

🔍 解　答

問1：①　問2：③　問3：②　問4：①　問5：②　問6：③　問7：①　問8：①
問9：①　問10：①

（　　）問中（　　）問正解

■ 次の会話文を読んで、問1〜3に答えよ。

春：今日の公共の授業で、私たちにはいろいろな権利があることを学んだね。どの権利が印象に残った？

竜介：俺は自由権かなあ。表現の自由とか信教の自由とか　A　とかがそうだよね。みんながのびのびと生活できるようにするには、絶対に必要な権利だと思うんだ。

美鶴：表現の自由といえば、私は2つの権利がぶつかり合った事件が印象に残ったな。表現の自由があるからといって、人を傷つけるようなヘイトスピーチは良くないと思う。それに、『石に泳ぐ魚』事件の当事者がもし私だったらと考えると、表現の自由は人の権利を侵しかねないと思う。

竜介：どんな事件だったっけ？

美鶴：小説に個人を特定されるような描写がされた事件だよ。小説は表現の自由で守られているかもしれないけれど、　B　の権利とぶつかる事件として注目を集めたんだよ。

問1　会話文中の　A　、　B　に当てはまる語句の組み合わせとして適切なものを、次の①〜④のうちから一つ選べ。

	A	B
①	集会・結社の自由	アクセス権
②	集会・結社の自由	プライバシー
③	団結権	プライバシー
④	団結権	アクセス権

問2　新しい人権について述べた文として**適切でないもの**を次の①〜④のうちから一つ選べ。
　　①　良好な環境に住む権利を環境権という。
　　②　新しい人権は憲法による規定はないが、憲法第13条の幸福追求権と憲法第25条の生存権を根拠としている。
　　③　マスメディアを通して、意見や反論を述べる権利を知る権利という。
　　④　個人の情報をみだりに公開されない権利をプライバシーの権利という。

問3　社会権の例として適切なものを、次の①〜④のうちから一つ選べ。

　　　① 大学で学び、その研究成果を出版する。

　　　② 老後はゆっくり過ごしたいため、郊外の森に移住した。

　　　③ 両親は肉屋を営んでいるが、その子は塾講師となった。

　　　④ 労働組合をつくり、雇用主と団体交渉を行った。

■ 問4と問5の空欄に当てはまる語句をそれぞれ①〜④のうちから一つずつ選びなさい。

問4　「公共の福祉」の考え方にしたがうと、「自由や権利の行使が他者に不利益をもたらす場合、個人の権利の行使は（　　　　　　）」ということになる。

　　　① 制限される

　　　② 無制限に許される

　　　③ 許されない

　　　④ 影響されない

問5　生存権を認めるにあたって、国は（　　　　　　）べきである。

　　　① 積極的な社会保障政策をとる

　　　② 国民年金の支給額を引き下げる

　　　③ 防衛関係費を引き上げる

　　　④ 戦争放棄をする

解答・解説

問１：②

　空欄Ａについて、自由権に分類されるのは「集会・結社の自由」です。一方、「団結権」は社会権のひとつです。空欄Ｂについて、個人を特定できる情報を記載することは、その人の「プライバシーの権利」を侵害する可能性があります。したがって、正解は②です。

問２：③

　適切でないものは③です。マスメディアを通して、意見や反論を述べる権利は「アクセス権」です。なお、「知る権利」とは、情報の公開を求める権利です。

問３：④

　正しい選択肢は④で、団結権や団体交渉権は、社会権に分類されます。なお、①〜③は自由権の例となります。①は学問の自由、②は居住・移転の自由、③は職業選択の自由の例です。

問４：①

　「公共の福祉」の原理は、自由や権利は無制限に行使してよいものではなく、自由や権利の行使が他者に不利益をもたらす場合には個人の権利の行使は制限される、というものです。したがって、正解は①です。

問５：①

　生存権を保障するために、国は積極的に社会保障政策を行っていかねばなりません。したがって、正解は①です。

4. 国民主権と議会政治

ニュースで見かけることが多い国会や内閣は、どのような活動をしているのでしょうか？ また、ドラマにも出てくる裁判所は、どのように法による秩序を保っているのでしょうか？ それぞれの仕事内容を具体的に学んでいきましょう！

Hop｜重要事項

日本の権力機関と三権分立

日本では大きく３つの権力機関があり、お互いに監視・抑制し、権力の均衡を図りながら国を治めています。

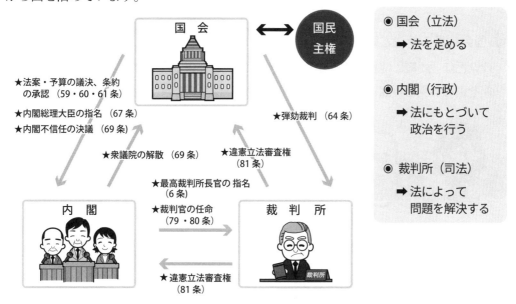

- 国会（立法）
  ➡ 法を定める

- 内閣（行政）
  ➡ 法にもとづいて政治を行う

- 裁判所（司法）
  ➡ 法によって問題を解決する

※相互に見張り合いをすることで、勢力の均衡を保っている。

国会のしくみ

国会は国権の最高機関であり、唯一の立法機関です。日本の国会には衆議院と参議院があり、これを二院制といいます。

第41条【国会の地位・立法権】
国会は、国権の最高機関であつて、国の唯一の立法機関である。

衆議院と参議院の比較

　国会とは衆議院と参議院の 2 つを合わせたものを指し、議院とは衆議院と参議院それぞれを指します。

項目	衆議院	参議院
定数	465 名 　小選挙区 289 名 　比例代表 176 名	248 名 　選挙区 148 名 　比例代表 100 名
任期	4 年	6 年 （3 年ごと半数改選）
被選挙権	25 歳以上	30 歳以上
解散	あり	なし

※被選挙権とは、議員に立候補できる権利のことです。

国会議員の特権と政党

　政党とは、政策に関する考えが近い人が集まってつくる政治団体です。国会で多くの議席を占める党を与党、それ以外の党を野党と呼びます。

> 国会では多数決で物事を決めるため、通常、与党から行政のリーダーである内閣総理大臣が選出されます。

関連用語

● マニフェスト …… 各政党が選挙の際に発表する公約

　　　　　　　　　※選挙で当選したら、どのようなことを実現したいかが記載される

● 不逮捕特権 …… 国会議員は会期中は逮捕されず、議院の要求があれば釈放される

　　➡ 現行犯は例外

● 免責特権 …… 国会議員は院内での発言や表決について、院外では責任を問われない

● シビリアンコントロール …… 内閣総理大臣とその他の国務大臣は文民でなければならない　※戦中に軍部が独走した経験の反省から

国会の議事

原則、国会の議事を開くために必要な定数は総議員の３分の１以上、表決数は出席議員の過半数となります。ただし、例外的に表決数が３分の２以上必要な特別多数決の場合があります。

項目	定数	表決数	内容
原則	総議員の３分の１	出席議員の過半数（２分の１以上）	一般的な議事
特別多数決		出席議員の３分の２以上	・議員の資格争訟裁判により議員の議席を失わせる場合 ・両議院で秘密会を開く場合 ・両議院で議員を除名する場合 ・衆議院で法律案を再議決する場合
憲法改正時	総議員	総議員の３分の２以上	憲法改正の発議をする場合

※原則、国会は公開だが、秘密会の場合は公開されない。

> 定　　数：最小限必要な出席者の数
> 総 議 員：衆・参両議員全員
> 表 決 数：意思決定を行うために必要な賛成の数
> 出席議員：議会に出席した議員

衆議院の優越

国会の意思は両議院（衆議院と参議院）の一致によって成立するのが原則です。ただし、国政上重要な事項についてはスムーズな決断ができるよう、衆議院に優越を認めています

◉ 予算の議決・条約の承認・内閣総理大臣の指名

　衆・参の意見が異なる ➡ 両院協議会を開くも不一致 or 参議院の議決なし

　➡ 衆議院の議決が国会の議決になる

　　※両院協議会：両議院の議決が異なった場合に開かれる調整機関

◉ 法律案の議決

　衆・参の意見が異なる or 参議院の議決なし

　➡ 衆議院で出席議員の３分の２以上の賛成により再可決

◉ 予算の先議権（衆議院が先に話し合う）、内閣不信任決議は衆議院のみが行える

　※法律案の議決が両院で異なっても両院協議会を開く必要はないが、予算の議決・条約の承認・内閣総理大臣の指名が両院で異なったら両院協議会を開く必要がある

国会の種類

項目	通常国会 （常会）	臨時国会 （臨時会）	特別国会 （特別会）
内容	毎年1回召集される国会	必要に応じて臨時に召集される国会	衆議院の解散による総選挙後に召集される国会
審議内容	予算など	緊急の議事など	内閣総理大臣の指名
召集	1月中に召集される	・内閣が必要とするとき ・いずれかの議院の総議員の4分の1以上の要求があるとき ・衆議院議員の任期満了による総選挙または参議院議員の通常選挙が行われたとき	衆議院の解散の総選挙の日から30日以内に召集される
会期	150日間	両議院一致の議決による	臨時会と同様

⇒ その他、衆議院の解散中に緊急の必要がある場合に開かれる参議院の緊急集会がある。

国会の権能まとめ

法律案の議決	衆議院と参議院で話し合いを行い、法律をつくる
憲法改正の発議	憲法内容を審議し、憲法改正について国民に発議する
国政調査権	国政に関する調査を行い、これに関する証人の出頭・証言・記録の提出を要求できる
弾劾裁判所	裁判官の身分にふさわしくない行為などをした場合に、裁判官を辞めさせるかどうかを判断する裁判を行う ※三権分立の見張り合いのひとつ：国会 ➡ 裁判所
予算の承認	内閣が提出した予算案を承認する
条約の承認	内閣が締結した条約を承認する
内閣総理大臣の指名	特別国会を開き、内閣総理大臣を決定する
議員の懲罰 資格争訟の裁判	国会議員にふさわしくない者を辞めさせる

近年の国会改革　国会審議活性化法（1999年）

◉ 政府委員制度を廃止 …… 国務大臣に代わって官僚が答弁することを止め、副大臣・大臣政務官を各省庁に設置

◉ 党首討論の導入 …… 与野党の党首が国会で質疑応答をする時間を設ける

💡 内閣のしくみ

内閣は行政権を担当し、国会で決められた法律を実際に運用する役割を担っています。内閣は国会に対し、連帯して責任を負います。

内閣の構成と要件

内閣のメンバーは、内閣総理大臣と国務大臣です。内閣の意思は閣議で全会一致で決められます。内閣総理大臣は行政権の長であり、国務大臣は内閣総理大臣から指名される各省のリーダー的存在です。

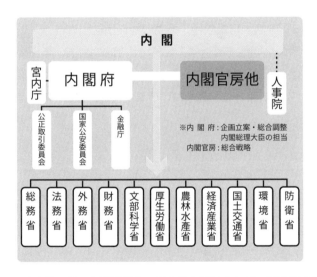

内閣

宮内庁　内閣府　内閣官房他　人事院

公正取引委員会　国家公安委員会　金融庁

※内閣府：企画立案・総合調整　内閣総理大臣の担当
内閣官房：総合戦略

総務省　法務省　外務省　財務省　文部科学省　厚生労働省　農林水産省　経済産業省　国土交通省　環境省　防衛省

```
┌─────────────────────────────┐
│ 内閣のメンバーの要件          │
├─────────────────────────────┤
│ ● 国務大臣の過半数は国会議員  │
│   であること                  │
│ ● 内閣総理大臣とその他の国務  │
│   大臣は文民であること        │
│   ※文民とは、職業軍人ではな   │
│    い者を指す                 │
└─────────────────────────────┘
```

※人事院・公正取引委員会・国家公安委員会などの行政委員会は行政から一定の独立性を保っている。

内閣総理大臣

内閣総理大臣は、国会議員のなかから国会の議決で指名され、天皇が任命します。内閣総理大臣の権能として、国務大臣の任命権・罷免権などがあります。

内閣の権能まとめ

法律の誠実な執行	国会で決められた法律に基づいて運用する
条約の締結	ほかの国と約束（条約）を結ぶ ※承認は国会が行う
予算の作成・国会への提出	予算案を作成し、国会に提出する ※承認は国会が行う
政令の制定	憲法や法律の規定を実施するために内閣が出す命令
天皇の国事行為に対する助言と承認	天皇は内閣の助言と承認なしで国事行為を行うことができない
衆議院の解散の決定	衆議院を解散し、議員の身分を失わせることができる ※三権分立の見張り合いのひとつ：内閣 ➡ 国会

近年の行政改革

- 民営化 …… 国家に対する行政の役割を少なくする「小さな政府」をめざし、1980年代に国有企業であった国鉄・電電公社・専売公社を民営化した
- 行政手続法＆情報公開法 …… 行政の透明性を確保する目的で、前者は1993年、後者は1999年に制定された
- 構造改革 …… 小泉純一郎内閣は、規制緩和と公務員削減の改革を実施。2007年には郵政民営化を行った

関 連 用 語

- 委任立法 …… 立法機関は国会であるが、法律の大枠は国会で決めて、詳細な規則の制定は内閣が行うこと。法律の委任によって行われる

🔍 裁判所のしくみ

裁判所は法を用いて問題を解決する役割を担っています。裁判所の扱う事件として、刑事事件・民事事件・行政事件などがあります。

刑事裁判	傷害罪や殺人罪などの罪を犯した疑いがある場合に検察官に起訴され、被告人の有罪・無罪を判決し、有罪なら量刑を決める裁判	訴える側 ➡ 検察 訴えられた側 ➡ 被告
民事裁判	個人間でのトラブル（借金など）を解決する裁判	訴える側 ➡ 原告 訴えられた側 ➡ 被告
行政裁判	国・地方公共団体が行った行為に不服がある場合に行う裁判	

裁判所の種類

裁判所には、最高裁判所と下級裁判所（高等裁判所・地方裁判所・家庭裁判所・簡易裁判所）があります。

※大日本帝国憲法下で存在した特別裁判所である行政裁判所・皇室裁判所・軍法会議などは禁止されています。

三審制

裁判は審理を慎重に行うため、3回まで裁判を受けることができる三審制がとられています。

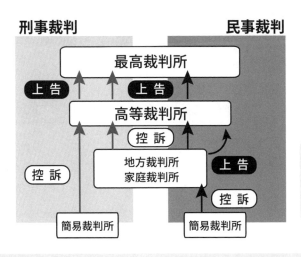

※控訴とは、第一審判決を不服とした上訴

※上告とは、第二審判決を不服とした上訴

【民事裁判の場合】

◉ 地方裁判所から裁判が始まった場合 …… 地方裁判所 ➡ 高等裁判所 ➡ 最高裁判所

◉ 簡易裁判所から裁判が始まった場合 …… 簡易裁判所 ➡ 地方裁判所 ➡ 高等裁判所

違憲立法審査権

　違憲立法審査権とは、法律や内閣の行為が憲法に違反していないかどうかを裁判所が審査する権限のことです。

最高裁判所裁判官の国民審査

　最高裁判所の裁判官には国民審査が設けられており、衆議院選挙と同時に行われます。

【審査のタイミング】

◉ 任命後最初の衆議院議員総選挙の日

◉ 最初の審査の日から 10 年経過した後に初めて行われる衆議院議員総選挙の日
　　　　　　　　　　　　　　　　　　　　　　※その後も同様に行われる

近年の司法制度改革

◉ 被害者参加制度 …… 被害者や遺族が裁判に参加できる制度。2008 年導入

◉ 裁判員制度 …… 重大な刑事事件の第一審に、無作為に選ばれた国民が裁判員として参加し、被告人が有罪かどうか、有罪の場合どのような刑にするかを裁判官と一緒に決めていく制度。2009 年導入

関 連 用 語

◉ 司法権の独立 …… 公正な裁判が行われるには、司法権が立法権や行政権から独立していることが必要とする考え

◉ 無罪の推定 …… 被告人の有罪が確定するまで、無罪として推定されること

◉ 黙秘権 …… 逮捕された者が供述を拒む権利

◉ 証拠主義 …… 裁判は証拠に基づいて行われるという原則
　　　　　　※ただし、唯一の証拠が本人の自白である場合、証拠として採用されない

Step | 基礎問題

■ 各問の空欄に当てはまる語句をそれぞれ①～③のうちから一つずつ選びなさい。

問1 国民ひとりひとりが政治に参加する権利をもっている、という日本国憲法の柱のひとつは（　　　　）と呼ばれる。
① 平和主義　② 基本的人権の尊重　③ 国民主権

問2 日本で採られている政治システムは（　　　　）である。
① 三権分立　② 一党独裁　③ 三審制

問3 国会には（　　　　）が設けられている。
① 衆議院と参議院　② 衆議院と貴族院　③ 衆議院のみ

問4 衆議院議員の被選挙権は（　　　　）歳以上の国民に与えられる。
① 20　② 25　③ 30

問5 国会に衆議院と参議院の2つを置くシステムを（　　　　）という。
① 三審制　② 衆議院の優越　③ 二院制

問6 国会での最終的な意思決定は、（　　　　）の原理にのっとって行われる。
① 公共の福祉　② 三審制　③ 多数決

問7 内閣の構成員としてふさわしくないのは（　　　　）である。
① 国務大臣　② 内閣総理大臣　③ 天皇

問8 重大な刑事事件の第一審に国民が裁判員として参加する制度は（　　　　）である。
① 被害者参加制度　② 裁判員制度　③ 証拠主義

問9 一つの事件について、必要に応じてより上級の複数の裁判所で裁判を受けることができる制度を（　　　　）という。
① 三審制　② 三権分立　③ 二院制

問10 裁判所がほかの権力からいかなる影響も受けないことを（　　　　）という。
① 国民主権　② 三権分立　③ 司法権の独立

解 答

問1：③　問2：①　問3：①　問4：②　問5：③　問6：③　問7：③　問8：②

問9：①　問10：③

Jump｜レベルアップ問題

（　　）問中（　　）問正解

■ 次の文章を読んで、問1に答えよ。

　被告人の有罪が判決するまでは無罪として推定されることを無罪の推定という。これは人権を守るためのひとつの大切な考え方であり、無罪の人を有罪としてしまう冤罪を防ぐ観点からも重要なものである。　A　も、慎重な審理を目的としたものである。
　　A　では最高3回の裁判を受けることを保証している。3回の裁判のうち、2009年に導入された裁判員制度は重大な刑事事件のうち　B　で行われる。これは、国民が被告人の有罪・無罪および量刑を決める制度であり、国民の声を司法に反映させるための制度のひとつである。

問1　文章中の　A　、　B　に当てはまる語句の組み合わせとして適切なものを、次の①～④のうちから一つ選べ。

	A	B
①	三審制	第一審
②	三審制	第三審
③	三権分立	第一審
④	三権分立	第三審

■ 次の問いを読み、問2～5に答えよ。

問2　国会について述べた文として**適切でないもの**を、次の①～④のうちから一つ選べ。
① 通常国会の会期は150日間で、次年度の予算について話し合われる。
② 衆議院議員の被選挙権は30歳以上であり、解散はない。
③ 国会の議論を活性化させるために、政府委員制度を廃止し、副大臣・大臣政務官が設置された。
④ 国会の実質的な審議は常任委員会で行われ、その後の最終意思決定は本会議で行われている。

問3　国会・内閣・裁判所のチェック・アンド・バランスについて述べた文として**適切でないもの**を、次の①～④のうちから一つ選べ。

　　① 裁判所の権能として、違憲立法審査権がある。

　　② 内閣の権能として、参議院の解散がある。

　　③ 国会の権能として、弾劾裁判所がある。

　　④ 国会・内閣・裁判所はそれぞれ見張り合いや抑制をしながら、権力バランスを保っている。これをチェック・アンド・バランスという。

問4　内閣総理大臣は、指名ののちに任命されるという手続きによって決定するが、（　　　　）が行う。

　　① 指名は天皇、任命は国会

　　② 指名は国会、任命は天皇

　　③ 指名も任命も国会

　　④ 指名も任命も天皇

問5　国会は内閣に対し、（　　　　　　）の決議をすることができる。

　　① 解散

　　② 国務大臣の解任

　　③ 不信任

　　④ 国務大臣の任命

🔑 解答・解説

問 1：①

　空欄 A について、最高 3 回までの裁判を受けることを保証するのは「三審制」です。空欄 B について、裁判員制度は重大な刑事事件のうち、「第一審」で行われます。したがって、正解は①です。なお、「三権分立」とは、権力を複数に分けて抑制と均衡を保つという考え方です。

問 2：②

　適切でないのは②です。衆議院議員の被選挙権は 25 歳以上であり、解散があります。一方、参議院議員の被選挙権は 30 歳以上で、解散はありません。

問 3：②

　適切でないのは②です。内閣は参議院の解散を決定することはできません。正しくは「衆議院の解散」となります。

問 4：②

　内閣総理大臣は国会で指名され、さらに天皇により任命されます。したがって、正解は②です。

問 5：③

　国会は、必要であれば内閣に対し不信任の決議をすることができます。不信任の決議をされた内閣は、10 日以内に衆議院を解散するか総辞職しなければなりません。したがって、正解は③です。なお、①の衆議院の「解散」は内閣、②と④の国務大臣の任命・解任は内閣総理大臣の権能となります。

5. 現代日本の政治と課題

> この単元では、55年体制や日米安全保障条約などの基本用語と選挙制度を中心に学習しましょう。選挙制度については、衆議院と参議院を比較しながら押さえていきましょう。

Hop｜重要事項

🔔 現代日本の政治

　国民は、賛同する政党の候補者に選挙で投票します。政党や政治家は、国民の意見を政治に反映しながら国の運営を行います。国会の議決は多数決によって決まるため、与党（国会で議席が多い政党）が政権を握ります。

《 政党政治の歴史 》

1945年：終戦後、多くの政党が乱立する混乱期

1955年：自由民主党　VS　日本社会党の二大政党が政権を争う …… 55年体制

※自由民主党は日本社会党に比べて2倍近い議席をもっていたので「1と2分の1政党制」と呼ばれた

 長期政権の弊害からか、金権政治・汚職政治が発生

1993年　：自由民主党は選挙惨敗、連立政権にバトンタッチ ➡ 55年体制の崩壊

1994年　：連立政権の支持率低下 ➡ 自民党政権へ

2009年　：自民党政権の支持率低下 ➡ 民主党政権へ

2012年〜：民主党政権の支持率低下 ➡ 自民党政権へ

世論とマスコミ（マス・コミュニケーション）

　世論とは、社会や政治に関するある問題に対する多くの国民が共通してもつ意見のことです。テレビや新聞などのマスメディアは、世論形成に大きな影響を与えます。私たちは多種多様な情報を選別し、そこから自分の意見をつくり出す努力が必要となります。
※近年は政治的無関心層や無党派層も多くなっています。

圧力団体と政治

　圧力団体とは、自分たちの要求を政治にはたらきかけて実現しようとする集団です。圧力団体は自らの利益を政治に反映させるために、政治家や行政機関にはたらきかけを行います。

※日本医師会や日本商工会議所など。

日本の政治が抱える諸課題

行政権の肥大化

- 内閣提出法案の増加 …… 法案は内閣も国会も提出できるが、内閣から提出される法案が増加している
- 天下り問題 …… 行政と関係が深い企業や独立行政法人に公務員が退職後に再就職する問題

自衛隊の問題

- 自衛隊ができるまで
  1945 年：日本敗戦
  1946 年：日本国憲法第 9 条により、日本は平和主義に（武力を保持しない）
  1950 年：朝鮮戦争が起こる ⇒ GHQ の指令により「警察予備隊」ができる
  1952 年：「保安隊」に改称
  1954 年：「自衛隊」に改称

- 憲法第 9 条と自衛隊
  政府の見解は「自衛隊は自衛のための戦力。自衛のための最小限の戦力の保持は違憲ではない」としている

- 自衛隊の限界
  - 自衛隊の海外派兵 ➡ 1992 年：PKO 協力法により、武力行使をしない平和維持活動に限り可能となる
    2015 年：同法改正により、武器使用権限が拡大。米軍や多国籍軍との連携が可能となる
  - 集団的自衛権の行使 ➡ アメリカの武力行使に対する支援が問題となる
  - 憲法第 9 条の改正をめぐる論議 ➡ 自衛隊を憲法に明記するか否か

米軍基地と日米安全保障体制

　1951 年、日本が主権を取り戻した**サンフランシスコ平和条約**の締結と同年に、日米安全保障条約が結ばれ、日本に米軍基地が置かれることとなりました。

《日米の安全保障条約のあゆみ》

1960 年：日米安全保障条約の改定 …… 日本に対する武力行使に対して、アメリカが防衛の義務を負う

1999 年：ガイドライン関連法 …… 自衛隊の米軍に対する後方支援が可能に

2001 年：テロ対策特別措置法 …… 2001 年に起こったアメリカ同時多発テロを受けて制定

2004 年：有事法制関連 7 法 …… 日本に対する直接攻撃が起こったときの自衛隊や米軍の行動を規定

関 連 用 語

◎ 集団的自衛権 …… 同盟国が攻撃された際、日本が攻撃されていなくとも、同盟国を助けるために武力を行使する防衛行動

◎ 非核三原則 …… 佐藤栄作内閣のときに国会で決議された方針
　➡ 核兵器を「持たず、作らず、持ち込ませず」

選挙制度

　日本は、選挙によって選ばれた代表者が国民の代理として政治を行っています。

民主的選挙制度の原則

◎ 普通選挙 …… 一定の年齢に達した者に、等しく選挙権が与えられる
◎ 平等選挙 …… 一票の価値は平等
◎ 直接選挙 …… 有権者が自分で投票を行う
◎ 秘密投票 …… 投票の際に自分の名前を記入しなくてよい。選挙において誰に投票したかの秘密が守られること

各選挙制度の特徴

◎ 大選挙区制 …… ひとつの選挙区から 2 名以上選出
◎ 小選挙区制 …… ひとつの選挙区から 1 名選出
◎ 比例代表制 …… 各政党の得票に比例して議席数を配分

日本の選挙制度

衆議院：小選挙区比例代表並立制

参議院：選挙区選挙＋非拘束名簿式比例代表制

項目	衆議院		参議院	
被選挙権	25 歳以上		30 歳以上	
選挙の種類	小選挙区制度	比例代表制度（拘束名簿式）	選挙区制度	比例代表制度（非拘束名簿式）
定数	289 名	176 名	148名	100名
選挙区の数	289	11	45都道府県単位(鳥取県と島根県、徳島県と高知県は合区)	1（全国）
投票方法	立候補者名を記入	政党名を記入	立候補者名を記入	政党名or立候補者名を記入
当選方法	各選挙区で一番多く得票した1人が当選	（1）各政党の得票数に応じて議席を比例配分 （2）名簿順位に従って当選者を決定	各選挙区の定員に応じて得票数の多い順に当選	（1）政党の得票数＝候補者の得票数＋政党の得票数 （2）各政党の得票数に応じて議席を比例配分 （3）得票数の多い候補者から順に当選者を決定

関連用語

◉ 公職選挙法 …… 公正な選挙を実現するために定められた、選挙や選挙活動に関する総則

◉ 連座制 …… 選挙運動で関係者が選挙違反をした場合、候補者の当選は無効となる

◉ 一票の格差問題 …… 一人の立候補者を当選させるのに必要な票の数が、選挙区によって異なる問題

◉ 在住外国人の参政権 …… 現段階では認められていない

◉ インターネットを活用した選挙活動 …… 可能。ただし、ネットで投票はできない

Step │ 基礎問題

■ 各問の空欄に当てはまる語句をそれぞれ①～③のうちから一つずつ選びなさい。

問1　日本の政治は、（　　　　　）を中心に行われている。
　　　　　① 天皇　　② 圧力団体　　③ 政党

問2　1955年以降約40年間続いた、自由民主党と日本社会党が並び立つ政治状況
　　　を（　　　　　）という。
　　　　　① 55年体制　　② 議院内閣制　　③ 社会主義体制

問3　自民党政権が続くなか、2009年に政権を握ったのは（　　　　　）である。
　　　　　① 社民党　　② 民主党　　③ 共産党

問4　政治や社会に関する多くの国民が共通してもつ意見は（　　　　　）といわれる。
　　　　　① 世論　　② マス・コミュニケーション　　③ マス・メディア

問5　多数の人を対象にした情報伝達のことを（　　　　　）という。
　　　　　① 世論　　② マス・コミュニケーション　　③ マス・メディア

問6　朝鮮戦争が起こると、後に自衛隊となる（　　　　　）が創設された。
　　　　　① 警察予備隊　　② 警察庁　　③ 海上保安庁

問7　（　　　　　）には、公正な選挙実現のための選挙に関する総則が定められている。
　　　　　① 連座制　　② 公職選挙法　　③ ガイドライン関連法

問8　（　　　　　）とは、一定の年齢に達した者に等しく選挙権が与えられるという
　　　民主的選挙制度の原則である。
　　　　　① 平等選挙　　② 直接選挙　　③ 普通選挙

問9　衆議院の選挙制度は（　　　　　）である。
　　　　　① 小選挙区比例代表並立制　　② 大選挙区制　　③ 中選挙区制

問10　佐藤栄作首相は、（　　　　　）の方針を出した。
　　　　　① 非核三原則　　② 外交三原則　　③ 経済三原則

解　答

問1：③　問2：①　問3：②　問4：①　問5：②　問6：①　問7：②　問8：③
問9：①　問10：①

■ 次の会話文を読んで、問 1 に答えよ。

千里：この前、自衛隊の公開イベントを見に行ってきたんだ。すごい迫力だったよ。そ
　　　ういえば自衛隊って、いつからある組織なんだろう？

明彦：自衛隊は、　A　をきっかけにして GHQ からの要請でつくられた経緯があっ
　　　たはずだよ。当時は冷戦のさなかで、アメリカとしては、早く日本に自立してほ
　　　しいという意図があったんじゃないかな。

千里：そうなんだ。自衛隊が被災地の救援に行っているのを前にニュースで見たけれど、
　　　ほかにはどんなことをしているのかな？

明彦：自衛隊は、PKO 協力法の改正で国連平和維持軍にも参加できるようになったよ。
　　　海外に自衛隊が派兵されているし、2014 年には　B　は憲法上許されるって憲
　　　法の解釈が変わったから、もし同盟国が攻撃されたら、自衛隊が海外に派兵され
　　　ることも出てくるんじゃないかな。

問 1　　　会話文中の　A　、B　に当てはまる語句の組み合わせとして適切なものを、
　　　　　次の①〜④のうちから一つ選べ。

	A	B
①	朝鮮戦争	集団的自衛権の行使
②	朝鮮戦争	民生支援
③	ベトナム戦争	集団的自衛権の行使
④	ベトナム戦争	民生支援

■ 次の問いを読み、問2〜5に答えよ。

問2　日本の政党政治について述べた文として適切なものを、次の①〜④のうちから一つ選べ。

　　① 政治資金の収支の報告は、法律上、政党に対して義務付けられていない。

　　② 国会の議席の多数を占め、政権を握っている党を野党という。

　　③ さまざまな党が乱立することを連立政権という。

　　④ 55年体制とは、自由民主党と日本社会党が政権を争った体制である。

問3　日本の選挙制度について述べた文として適切なものを、次の①〜④のうちから一つ選べ。

　　① 選挙活動にあたって、選挙公報の配布は禁止されている。

　　② 立候補者以外の選挙運動関係者が選挙に関する罪を犯した場合、立候補者の当選は無効となる。

　　③ 選挙の投票日以前に投票をすることができる期日前投票制度は、日本においては導入されていない。

　　④ インターネットを通じた選挙活動が解禁となり、国政選挙において、インターネット上での投票も可能となった。

問4　1951年、日本の主権回復を認めた（　　　　　）が結ばれた。

　　① 国連平和維持活動協力法

　　② 日米安全保障条約

　　③ サンフランシスコ平和条約

　　④ ロンドン海軍軍縮条約

問5　自衛隊の海外派遣を可能にしたのは、（　　　　　）である。

　　① 国連平和維持活動協力法

　　② 日米安全保障条約

　　③ サンフランシスコ平和条約

　　④ ロンドン海軍軍縮条約

解答・解説

問 1 : ①

　空欄 A について、1950 年の「朝鮮戦争」をきっかけに警察予備隊がつくられ、これが後に自衛隊となりました。空欄 B には、同盟国が他国に攻撃されている際に、協力して武力攻撃を排除する「集団的自衛権の行使」が当てはまります。したがって、正解は①です。

問 2 : ④

　①について、政治資金の収支の報告は、法律上、政党に対して義務付けられています。よって、①は誤りです。②について、政権を握っている党は「野党」ではなく「与党」といいます。よって、②は誤りです。③について、連立政権とは複数の党が協力して多数派を形成する政権です。よって、③は誤りです。したがって、正解は④です。

問 3 : ②

　①について、選挙活動にあたって、選挙公報（立候補者や各政党の政見を掲載した文書）の配布は禁止されていません。よって、①は誤りです。③について、期日前投票制度は導入されています。よって、③は誤りです。④について、インターネットを通じた選挙活動が解禁となりましたが、インターネット上での投票はできません。よって、④は誤りです。したがって、正解は②です。

問 4 : ③

　1951 年に結ばれ、日本の主権回復を認めた条約はサンフランシスコ平和条約です。また、この条約と同じ年に米軍基地の日本駐留を認める日米安全保障条約が結ばれました。したがって、正解は③です。

問 5 : ①

　自衛隊の海外派遣は禁止されていましたが、1992 年に成立した国連平和維持活動（PKO）協力法により、海外派遣が可能になりました。したがって、正解は①です。

6. 地方自治と住民自治

都道府県や市町村などの地方公共団体（地方自治体）にも議会や議員が設置されており、その地域の政治を担っています。わたしたちにとって身近な地域はどのように治められているのか、学習していきましょう！

Hop ｜ 重要事項

地方自治のねらいと原則

◉ 住民自治
　地域の政治はその地域の住民の意思に基づいて行う
　住民自治の例として、住民による首長・議員の選出がある
◉ 団体自治
　地方公共団体が国から独立して、自主的に自治を行う
　団体自治の例として、条例制定権がある
　※条例：東京都限定や青森県限定など、エリアを限定したルール

第 92 条【地方自治の基本原則】
地方公共団体の組織及び運営に関する事項は、地方自治の本旨に基いて、法律でこれを定める。

地方公共団体の行政機構

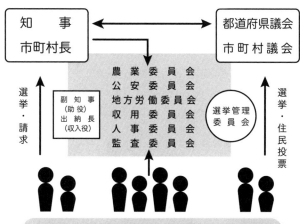

| 知　　事 市町村長 | ⟷ | 都道府県議会 市町村議会 |

農　業　委　員　会
公　安　委　員　会
地方労働委員会
収　用　委　員　会
人　事　委　員　会
監　査　委　員　会

選挙管理委員会

副知事（助役）
出納長（収入役）

選挙・請求

選挙・住民投票

住民 … 選挙、条例の制定・改廃などの直接請求

国のリーダーである内閣総理大臣は国会で指名されるのに対して、地方公共団体の長は住民から直接選ばれるという違いがありますね！

地方自治への住民参加

　地方自治への住民参加の方法として、直接請求権があります。国の政治と比べて、住民の意思が直接反映されやすい仕組みとなっています。

《 直接請求の種類 》

- ◉ 条例の制定・改廃の請求（イニシアティブ）
- ◉ 議会の解散請求（リコール）
- ◉ 議員や首長の解職請求（リコール）
- ◉ 住民投票（レファレンダム）
- ◉ 監査請求

　直接請求は、地方公共団体で選挙権を有する住民の一定数以上の連署（署名）を集めることで首長や各委員会が動き、住民の意見を反映する仕組みとなっています。

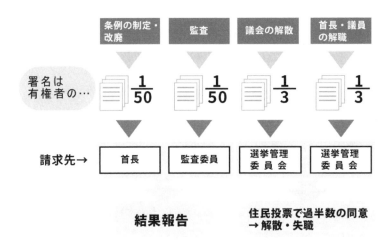

地方公共団体の諸問題

地方公共団体の行政機構

　地方公共団体の自主財源は地方税ですが、多くの自治体はその収入が全収入の4割程度にしか満たないため、国からの地方交付税や国庫支出金に頼っています。かつては自主財源が3割程度であったため、「3割自治」と呼ばれていました。

- ◉ 地方税 …… 都道府県民税など、税収が地方の財源となるもの
- ◉ 地方交付税交付金 …… 地方公共団体間の格差をなくすために、国から地方公共団体に交付される。使途は限定されていない
- ◉ 国庫支出金 …… 公共事業などの特定事業のため、国から地方公共団体に使途を指定して交付される

（国から支給される）

地方公共団体の仕事と問題点

　地方公共団体は中央政府の仕事の多くを担っており、地方自治の本旨に反することが問題となっていました。そこで、1999 年の地方分権一括法の成立により、地方公共団体の仕事内容が見直されました。

◉ 地方分権一括法

　機関委任事務の廃止 ➡ 事務内容を「自治事務」と「法定受託事務」に整理

　※ 機関委任事務：中央政府が地方に委託する事務

　※ 自治事務：自治体が法律の範囲内で行う自治体に関する事務

　※ 法定受託事務：国が行うべき仕事のうち、自治体に委任されて行う事務（国政選挙・パスポート交付・生活保護の決定など）

関連用語

◉「地方自治は民主主義の学校」…… イギリスの政治学者ブライスによる表現。住民が身近な政治から民主主義のあり方を学ぶ良い機会になると考えたことによる

◉ オンブズマン（オンブズパーソン）…… 第三者機関が行政活動を住民の立場から監視し、行政の公正化・適正化をめざす制度

◉ 三位一体の改革 ……「地方にできることは地方に」という理念のもと、国庫補助負担金の廃止・削減、地方交付税の見直し・削減、国から地方への税源移譲が進められた

Step｜基礎問題

■ 各問の空欄に当てはまる語句をそれぞれ①〜③のうちから一つずつ選びなさい。

問1　各地域の住民が独自に政治を行うことを（　　　　）という。
　　　① 地方自治　　② レファレンダム　　③ 住民運動

問2　地方公共団体が国から独立して政治を行う地方自治の原則を（　　　　）と呼ぶ。
　　　① 住民自治　　② 団体自治　　③ 自主財源

問3　ブライスは、地方自治は住民が民主主義のあり方を学ぶ場であると考えたことから、地方自治を（　　　　）と呼んだ。
　　　① 民主主義の学校　　② 三割自治　　③ 団体自治

問4　地域の住民が中心になって政治を行う地方自治の原則を（　　　　）という。
　　　① 住民自治　　② 団体自治　　③ 住民運動

問5　地方議会の議員や首長は（　　　　）で選ばれる。
　　　① 間接選挙　　② 内閣総理大臣の任命　　③ 直接選挙

問6　地方自治体が独自に定めた決まりを（　　　　）という。
　　　① 法令　　② 条例　　③ 条約

問7　有権者の署名を一定数集めて、条例の改正や廃止を首長に直接請求することを（　　　　）という。
　　　① レファレンダム　　② リコール　　③ イニシアティブ

問8　第三者機関が行政活動を住民の立場から監視し、行政の公正化・適正化をめざす制度を（　　　　）という。
　　　① スポークスマン　　② イニシアティブ　　③ オンブズマン

問9　住民投票は（　　　　）とも呼ばれる。
　　　① レファレンダム　　② リコール　　③ イニシアティブ

問10　地方分権一括法の制定により、（　　　　）は廃止となった。
　　　① 自治事務　　② 機関委任事務　　③ 法定受託事務

解答

問1：①　問2：②　問3：①　問4：①　問5：③　問6：②　問7：③　問8：③
問9：①　問10：②

■ 次の会話文を読んで、問1に答えよ。

先生：今日は身近な地域の政治について考えてみましょう。皆さんは　A　という言葉
　　　を知っていますか？　　A　は、その自治体区域内で適用されるルールで、なか
　　　にはユニークなものもあるんですよ。すこし調べてみましょう。

睦子：青森県に、朝ごはんにはお米を食べることを推奨するものがあるようですよ。私
　　　が住んでいる地域のものも、調べてみようと思います。

先生：良いですね。その地域の特性や文化を知ることもできそうですね。調べたらぜひ
　　　教えてくださいね。ただ、近年は地方から都市への人口集中が進んでいて、消滅
　　　の危機がある自治体があることは知っていますか？

清：この前、地方の村のいくつかが合併したと聞きました。

先生：地方の人口減少が続くと、地域のインフラ整備が難しくなります。また、住む人
　　　が減れば、地方公共団体の自主財源である　B　も減ってしまい、その地域の財
　　　政を圧迫することになります。

清：地域の活性化はさまざまな面から見て、とても大切なのですね。

問1　　会話文中の　A　、B　に当てはまる語句の組み合わせとして適切なものを、
　　　次の①～④のうちから一つ選べ。

	A	B
①	条例	地方税
②	条例	国税
③	条約	地方税
④	条約	国税

■ 次の問いを読み、問 2 ～ 5 に答えよ。

問 2 　地方自治について述べた文として**適切でないもの**を、次の①～④のうちから一つ選べ。

　　① 地方分権一括法によって機関委任事務が廃止され、法定受託事務と自治事務に分類されることになった。

　　② 地方自治体の法定受託事務として、パスポートの交付や生活保護の手続きなどがある。

　　③ 地方公共団体の自主財源は地方税だが、多くの自治体が国からの援助を受けている。

　　④ 国庫支出金は、使途を限定されずに政府から交付される。

問 3 　地方自治体の運営について述べた文として適切なものを、次の①～④のうちから一つ選べ。

　　① 地方自治体の首長は、住民による直接投票によって選ばれる。

　　② 住民の苦情処理を行うオンブズマンは、各自治体に必ず一つ以上設置することが義務付けられている。

　　③ 国の政治制度とは違い、地方公共団体に設置された議会に解散はない。

　　④ 条約とは、地方公共団体が定める地域を限定したルールである。

問 4 　国と地方公共団体の比較について述べた文として**適切でないもの**を、次の①～④のうちから一つ選べ。

　　① 内閣総理大臣と地方公共団体の首長は、ともに議会が議決した結果に対する拒否権はない。

　　② 内閣総理大臣は国会で指名されるが、地方公共団体の首長は、直接、住民の選挙によって選出される。

　　③ 衆議員の解散を国民が直接請求することはできないが、地方公共団体の議会の解散においては、住民が直接請求することができる仕組みがある。

　　④ 地方公共団体が定める条例は、国で定める法に反する内容は認められない。

問 5 　国庫補助負担金の廃止・削減、地方交付税の見直し、国から地方への税源移譲を行う改革を（　　　　）という。

　　① 行政改革　　② 三位一体の改革　　③ 平成の大合併　　④ 道州制

🔑 解答・解説

問1：①

　空欄Aには、その自治体区域内で適用されるルールである「条例」が当てはまります。空欄Bには、地方公共団体の自主財源である「地方税」が当てはまります。したがって、正解は①です。なお、「条約」は国家間における約束や合意のことです。「国税」は、国が徴収する税金のことで、これは国の財源となります。

問2：④

　適切でないのは④です。国庫支出金は「使途を限定されて」政府から交付されます。

問3：①

　②について、オンブズマンは自治体に設置義務はありません。よって、②は誤りです。③について、地方公共団体に設置された議会は、住民による議会解散請求（リコール）によって解散される仕組みがあります。よって、③は誤りです。④について、地方公共団体が定める地域を限定したルールは「条約」ではなく「条例」です。よって、④は誤りです。したがって、正解は①です。

問4：①

　地方公共団体の首長は、議会が議決した結果に対する拒否権があります。したがって、正解は①です。

問5：②

　三位一体の改革とは、「地方にできることは地方に」という理念のもと、国庫補助負担金の廃止・削減、地方交付税の見直し・削減、国から地方への税源移譲の3つを同時に行っていく地方分権のための制度改革のことです。したがって、正解は②です。

第3章
現代の経済と国民の福祉

1. 市場の仕組み

働いてモノやサービスを提供したり、得た給与でモノを買ったりと、市場はわたしたちの生活に密接な関わりがあります。そんな市場にまつわる知識を、自身の生活に当てはめてイメージしながら、具体的に理解していきましょう。

Hop｜重要事項

🔖 経済活動と私たちの生活

　経済活動の主体は家計・企業・政府であり、この 3 つの間でモノやお金、サービスなどが循環し、経済社会が成り立っています。

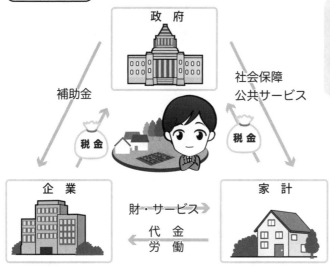

- ◉ 家計…消費の主体
- ◉ 企業…生産の主体
- ◉ 政府…経済活動全体を調整する主体

🔖 市場とは？

　市場とは、需要（買い手）と供給（売り手）によって取引が成立する場です。商品・株式・外国為替など取り扱うものによって、いろいろな呼び方の市場が存在します。

- ◉ 商品市場……財やサービスが取引される
- ◉ 株式市場……株式の売買が行なわれる
- ◉ 外国為替市場……通貨と通貨が交換される
　　　　　　　　　　（円とドルを交換、ドルとユーロを交換など）

🔎 価格決定のメカニズム

　多数の売り手・買い手が自由に参加し、自由競争が行われる市場を競争市場と呼びます。競争市場では価格が重要な役割を果たしており、需要数と供給数を調整しています（需要数 ➡ 買い手が欲しい数や買いたい数、供給数 ➡ 売り手の生産数）。

　一般的に、価格は需要と供給のつりあったところで決まります。これを均衡価格といいます。

例 品不足のとき、買いたい人のなかで競争が起こり、価格が上がる

　➡ 値段が上がると買いたい人の数が減り、価格はだんだん下がっていく

例 価格が上がった商品（たとえばマスク）をよく売れるからたくさん生産（供給）する

　➡ マスクの供給量が増えると、値段が下がる（安く買える場所があるため）

価格の自動調節機能

経済学者のアダム・スミスはこれを「神の見えざる手」と表現した

需要曲線・供給曲線

　商品が取引される値段や数量は、需要曲線と供給曲線を使って考えることができます。

◉ 供給曲線 …… 供給者（売り手）の行動を反映したもの

◉ 需要曲線 …… 需要者（買い手）の行動を反映したもの

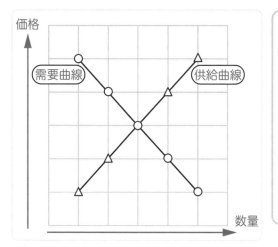

【グラフの読み方のポイント】

- 縦軸が価格
  （上にいくほど価格が上がる）
- 横軸が数量
  （右にいくほど数量が増える）
- 供給曲線
  （価格が上昇するほど数量が増える）
- 需要曲線
  （価格が上昇するほど数量が減る）

需要曲線と供給曲線は、縦軸と横軸に数値が書いていないことが多く、なかなかイメージできない方が多い箇所です。次のページで具体的な例と数字を用いて考えていきましょう！

113

例 あるスーパーで販売されているコロッケの需要と供給
　需要（買い手）と供給（売り手）の気持ちを考えながら読み取ってみましょう！

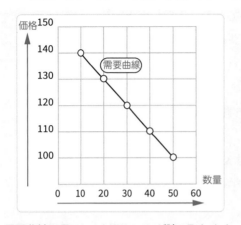 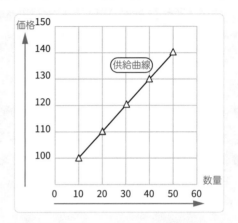

需要曲線を見ると、以下のことが読み取れます。

価格120円 … 需要（欲しい数）は30個
価格130円 … 需要（欲しい数）は20個

需要数は値段が上がれば減り、値段が下がれば増えます。

一般的に、需要（買い手の心理）は安ければ買い、高ければ買い控えます。

供給曲線を見ると、以下のことが読み取れます。

価格120円 … 供給（生産数）は30個
価格130円 … 供給（生産数）は40個

供給数は値段が上がれば増え、値段が下がれば減ります。

一般的に、供給（売り手の心理）は高い値段で売れるならたくさん生産し、安くしか売れないなら儲けが少ないため生産量を減らします。

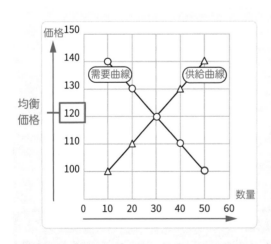

左のグラフは、上記2つの需要曲線と供給曲線を合わせたものです。
需要曲線と供給曲線が交わる箇所の値段は120円、数量は30個です。

需要も供給も30個なので、買いたくても買えない人はおらず、売り手も売れ残りが生じないことになります。

こうした需要と供給のバランスが取れている価格を均衡価格といいます。

114

さまざまな価格決定の方法

◉ 市場価格

商品の需給による価格変動が反映された価格

例 ホテルの宿泊料金は繁閑による変化が大きく、それが価格に反映する

例 野菜は生産量の季節変化が大きく、それが価格に反映する

◉ 管理価格

寡占(かせん)市場など、ライバル企業が少ないため、価格競争をする必要性が低い場合に見られる価格。価格決定の力があるプライス・リーダーが一定の利潤(りじゅん)を獲得できるような価格を設定し、他社が追従する。価格がほぼ一定に維持され下落しにくくなる（下方硬直性）ため、価格以外の魅力でライバル企業との差別化を図ろうとする（非価格競争）

※ある商品について、取り扱っている企業が1社 ➡ 独占市場、少数社 ➡ 寡占市場と呼ぶ

市場の失敗

価格の自動調節機能がうまくはたらかないケースを、市場の失敗といいます。

◉ 寡占市場の存在 …… 管理価格の発生

◉ 外部性の問題 …… ある経済活動が市場を通さないで第三者に影響を与えること。良い影響を外部経済、悪い影響を外部不経済と呼ぶ

例 近所にコンサートホールができたおかげで、周囲の飲食店の売り上げが増える ➡ 外部経済

例 工場から排出される煙のせいで喘息(ぜんそく)の患者が増える ➡ 外部不経済

◉ 公共財の供給 …… 公園や図書館など、需要はあるが供給する者がいない場合、政府の公共財の供給が求められる

価格と自由競争

さまざまな企業努力で自由競争を行うことで、消費者には質の高い安価な財やサービスが提供されます。しかし、自由競争が進展していくと、コスト削減のための大量生産と商品を販売するための大規模な販売網が必要となります。結果、一企業では対応できず企業の合併(がっぺい)が進んでいき、少数の企業で競争する寡占市場が発生する可能性があります。

 自由競争 ➡ 企業競争により統廃合が進む ➡ 少数企業が市場を支配する寡占市場となるおそれ

独占の形態

　市場の独占の形態は主に 3 つあります。企業間の競争を妨げることは**独占禁止法**で禁止されており、公正取引委員会がその監視にあたっています。

カルテル（企業連合）	同一産業の企業どうしが価格や生産量で協定を結び、競争を避けて利益を得る
トラスト（企業合同）	同一産業の企業どうしが合併して一つの新しい企業になり、市場を占有して利益を得る
コンツェルン（企業連携）	持株会社や銀行が中心となり、さまざまな産業分野の企業を支配する（かつての財閥）

┌─ **関 連 用 語** ─┐

● M & A …… 企業の合併・買収

● 持株会社の解禁 …… 日本の長期的な不況を受けて、1997 年に独占禁止法が一部緩和され、
　　　　　　　　　　　持株会社は解禁となった

Step｜基礎問題

■ 各問の空欄に当てはまる語句をそれぞれ①～③のうちから一つずつ選びなさい。

問1 経済活動全体を調整する経済主体は（　　　　）である。
① 家計　　② 企業　　③ 政府

問2 商品の売り手と買い手が取引をする場のことを（　　　　）という。
① 市場　　② 企業　　③ 銀行

問3 商品の買い手のことを（　　　　）という。
① 需要者　　② 供給者　　③ 市場

問4 多数の需要者や供給者が互いに競争しあえる市場を（　　　　）という。
① 競争市場　　② 非価格競争　　③ 独占市場

問5 需要や供給の量を横軸、価格を縦軸にとったグラフにおいて、価格が上がるにつれて上昇する曲線を描くのは、（　　　　）である。
① 需要曲線　　② 供給曲線　　③ エンゲル曲線

問6 需要や供給の量を横軸、価格を縦軸にとったグラフにおいて、需要と供給の量がつりあったところの価格を（　　　　）という。
① 管理価格　　② 特別価格　　③ 均衡価格

問7 需要と供給のバランスで決まる価格のことを（　　　　）という。
① 市場価格　　② 特別価格　　③ 管理価格

問8 少数の企業が市場を支配することを（　　　　）という。
① 寡占　　② 独占　　③ 完全競争

問9 同一産業の企業どうしが価格や生産量で協定を結び、競争を避けて利益を得ることを（　　　　）という。
① カルテル　　② トラスト　　③ コンツェルン

問10 市場の独占を防ぐために制定された法律を（　　　　）という。
① 労働基準法　　② 労働関係調整法　　③ 独占禁止法

解 答

問1：③　問2：①　問3：①　問4：①　問5：②　問6：③　問7：①　問8：①
問9：①　問10：③

 Jump｜レベルアップ問題

（　　）問中（　　）問正解

■ 次の会話文を読んで、問1に答えよ。

真莉菜：ねえ、人気があるゲームが映画化するらしいよ。一緒に観に行こうよ。平日だったら料金が安いから、どこかで仕事の休みがとれたらって思うんだけれど。

彩　夏：そうだね、観に行きたいね。土日じゃだめなの？

真莉菜：土日は映画料金が高いから、平日がいいな。そもそも何で平日は安いんだろうね。

彩　夏：映画館にもよると思うけれど、一般的に平日は仕事とか学校で映画に行く時間が取れない人が多くて、　A　じゃないかな？

真莉菜：たしかに、値段を下げれば映画を観ようって人が増えるかもしれないよね。

彩　夏：そういえば、映画館のポップコーンって、スーパーで買うより高いよね。

真莉菜：遊園地とかもそうだよね。普通より高い価格に設定しているのは、需要と供給のバランスが　B　だろうね。

彩　夏：映画館とか遊園地で食べるものとか、そこでしか買えないグッズとかは大事な思い出だから、高い価格でも欲しいって思う人は多いだろうね。

問1　会話文中の　A　、　B　に当てはまる語句の組合せとして適切なものを、次の①〜④のうちから一つ選べ。

	A	B
①	需要が少ないから	崩れているから
②	需要が少ないから	取れているから
③	供給が少ないから	崩れているから
④	供給が少ないから	取れているから

■ 次の問いを読み、問2〜5に答えよ。

問2 　市場の独占について述べた文として**適切でないもの**を、次の①〜④のうちから一つ選べ。
　　　① 寡占市場において、プライス・リーダーが設定した価格にほかの企業が追従して形成される価格を管理価格という。
　　　② 同じ業種の複数企業が価格や生産量について協定を結ぶことをカルテルという。
　　　③ 独占禁止法の改正によって、一切の持株会社の設立は禁じられている。
　　　④ 寡占市場においては、価格競争よりも、非価格競争が起こりやすい。

問3 　需要と供給について述べた文として**適切でないもの**を、次の①〜④のうちから一つ選べ。
　　　① 価格が上昇すると、需要量が減少する。
　　　② 価格が下落すると、供給量が減少する。
　　　③ 需要が多いとき、価格は上昇する。
　　　④ 供給が多いとき、価格は上昇する

問4 　主に寡占市場でプライス・リーダーによる管理価格が定まっているときに見られる現象は（　　　　）である。
　　　① デフレーション　　　② 価格の硬直性
　　　③ 自由競争　　　　　　④ インフレーション

問5 　独占禁止法について述べた文として**適切でないもの**を、次の①〜④のうちから一つ選べ。
　　　① 独占禁止法違反を取り締まるのは、公正取引委員会である。
　　　② 不当な取引制限とされるカルテル行為は、独占禁止法に違反する。
　　　③ 入札談合は、独占禁止法により取り締まりの対象になる。
　　　④ 独占禁止法は市場での過剰な競争から企業を保護するために定められた。

解答・解説

問1：②

空欄Aについて、平日に映画館に行けない人が多いということは、平日の映画館利用者数（需要数）が少ないことになります。空欄Bについて、映画館や遊園地が商品を高い価格に設定しているのは、商品の価格を上げても買いたい人が一定数おり、需要と供給のバランスが取れているからだと考えられます。したがって、正解は②です。

問2：③

適切でないのは③です。1997年に独占禁止法が一部緩和され、持株会社は全面禁止から解禁となりました。

問3：④

適切でないのは④です。供給が多いとき、一般的に価格は下落します。したがって、正解は④です。

問4：②

価格の硬直性は、市場で優位な立場の企業がプライス・リーダーとなって価格を支配することから起こる現象で、少数の企業で競争が行われる寡占市場において見られます。したがって、正解は②です。

問5：④

適切でないのは④です。独占禁止法は企業間の自由な競争を促進するために定められており、企業間の競争を妨げることは独占禁止法で禁止されています。したがって、正解は④です。

2. 経済の変動

経済活動を知るうえでの基本的な用語を押さえましょう。GDPなどの用語は試験問題でしばしば使われますので、意味を確認しておきましょう。

 Hop｜重要事項

経済活動の測定

経済活動を客観的に測る指標について見ていきましょう。

経済の規模を計る様々な指標

- 国内総生産（GDP）…… 一国の経済規模を示す指標。ある一定期間内に国内で生産された財・サービスの付加価値の合計
- 国民総生産（GNP）…… ある国民が一定期間内に生産した付加価値の合計
- フロー …… ある一定期間で新たにつくり出された成果 ➡ GDP など
- ストック …… ある一時点までに蓄積された富で、土地・建物などの社会資本（国富）を計測する

※付加価値とは、新たに生み出された価値の増加分。原材料などの中間生産物はすでに生産されて存在しているので新たな増加分にはならない。

家事労働（市場を介さない）・ボランティア・中古品（新たに生み出された付加価値ではない）・株や地価などの上昇で得た利益はGDPやGNPの計算に含まれないので注意です！

> 📖 参 考 GDP の計算：120 円のパンの付加価値
>
> （生産者）
>
> 農　　　家　⇨　小麦 50 円分　　（付加価値 ＝ 50 円）
>
> 製粉業者　⇨　小麦粉 70 円分　　（付加価値 ＝ 20 円）
>
> パ ン 屋　⇨　120 円のパン　　（付加価値 ＝ 50 円）
>
> ◎ GDP ＝ 50 ＋ 20 ＋ 50 ＝ 120 円

経済成長率

経済の成長は、GDP が前年比でどれだけの割合増加したかで計ることができます。

- ● 名目経済成長率 …… 物価上昇率を考慮しない
- ● 実質経済成長率 …… 物価上昇率を考慮する

　🔲 GDP が昨年 100 兆円、今年 110 兆円（ただし、今年は物価が 10%上がっている場合）

　名目経済成長率 ＝ 10%　　※物価を考慮しない

　実質経済成長率 ＝ 0 %　　※物価 10%上昇を考慮

🔔 景気変動

　資本主義経済において、好景気と不景気が交互に起こる景気変動があります。急激な景気変動は人々の生活を混乱させるため、景気調整のために日本銀行は金融政策、政府は財政政策を行っています（第 3 章第 4 節参照）。

景気循環

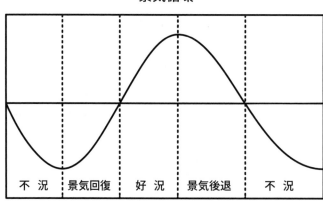

不 況　｜　景気回復　｜　好 況　｜　景気後退　｜　不 況

- ● 好況のとき …… 所得増加、生産量増加、失業者減少、物価上昇
- ● 不況のとき …… 所得減少、生産量減少、失業者増加、物価下落

上の景気循環のグラフのように、経済は好況と不況を繰り返しながら成長を続けていくとされています。

インフレーションとデフレーション

さまざまな商品の価格を平均的にとらえたものを物価といい、物価の変動は景気変動と深く関わりあっています。

> ◉ インフレーション（インフレ）…… 物価が継続的に上昇する現象 ➡ 好況期に見られる
>
> ◉ デフレーション（デフレ）…… 物価が継続的に下落する現象 ➡ 不況期に見られる
>
> ◉ スタグフレーション…… 不況にもかかわらず物価が上昇する現象
>
> ➡ 石油危機など、不況とモノ不足が重なるときに見られる現象

景気が良ければみんなの所得が増えるから「いろいろ買おうかな」と購買（こうばい）意欲が高まり、インフレになる傾向があります。逆に不景気だと物が売れないので物の値下げが増え、デフレになる傾向があります。

参考 インフレのさまざまな要因

- コスト・プッシュ・インフレ …… 賃金や原材料費用の上昇による物価上昇
- ディマンド・プル・インフレ …… 需要の増大による物価上昇

関連用語

◉ 三面等価の原則 …… GDP や GNP は生産・分配・支出の 3 つのどの面から見ても、その額が等しくなるという原則

◉ デフレスパイラル …… 不況下でモノが売れないことにより企業の収益が悪化し、倒産や失業者が増えることによってさらに物価が下がるという物価下落の悪循環のこと。1990 年代以降の日本経済はこのデフレスパイラルの危機にあった

Step｜基礎問題

■ 各問の空欄に当てはまる語句をそれぞれ①〜③のうちから一つずつ選びなさい。

問 1　一定期間における国内の生産活動の成果を表すのは（　　　　）である。
　　　① 中間生産物　　② 国民総生産　　③ 国内総生産

問 2　国内総生産の略称は（　　　　）である。
　　　① GDP　　② NNP　　③ GNI

問 3　経済の成長は、（　　　　）の前年比の増加割合で計ることができる。
　　　① GNP　　② GDP　　③ GNI

問 4　ストックの例といえるのは（　　　　）である。
　　　① 国内総生産　　② 国富　　③ 消費

問 5　実質経済成長率とは、（　　　　）を考慮した経済成長率である。
　　　① 物価上昇率　　② 貯蓄率　　③ 失業率

問 6　所得が増え、物価上昇が見られるような景気状況は（　　　　）のときである。
　　　① 好況　　② 景気後退　　③ 不況

問 7　生産が減り、失業者の増加が見られるような景気状況は（　　　　）のときである。
　　　① 好況　　② 景気回復　　③ 不況

問 8　GDP や GNP は生産・分配・支出の 3 つのどの面から見ても、その額が等しくなる原則を（　　　　）という。
　　　① 労働三権　　② フィッシャーの三原則　　③ 三面等価の原則

問 9　GDP の計算に含まれるのは（　　　　）である。
　　　① 環境保護費　　② 家事労働　　③ ボランティア活動

問 10　一定期間、物価が継続的に上昇する現象を（　　　　）という。
　　　① デフレーション　　② デノミネーション　　③ インフレーション

🔍解　答

問1：③　問2：①　問3：②　問4：②　問5：①　問6：①　問7：③　問8：③
問9：①　問10：③

■ 次の文章を読んで、問1に答えよ。

　経済活動を客観的に示す指標にはいくつか種類があり、各指標によって何を計測に含むのかが異なっている。さまざまな指標を見ることで、多角的に経済について考えることができるといえよう。たとえば、GDPは一定期間にどれだけの経済活動が行われたのかを示す指標であり、これは　A　の代表例である。経済の成長はGDPの増加率で測ることができる。物価を考慮して計測されたものが　B　であり、より経済の実情に即した計測ができるとされている。その他、グリーンGDPという、環境破壊などによって失われた自然の資産を費用として計算するものも存在する。

問1　文章中の　A　、B　に当てはまる語句の組み合わせとして適切なものを、次の①〜④のうちから一つ選べ。

	A	B
①	フロー	名目経済成長率
②	フロー	実質経済成長率
③	ストック	名目経済成長率
④	ストック	実質経済成長率

■ 次の問いを読み、問2〜5に答えよ。

問2　外部不経済について述べた文として適切なものを、次の①〜④のうちから一つ選べ。
　　①　企業が環境にやさしい商品を提供することで、売り上げを伸ばした。
　　②　工場の排水が川に流れ込んだことにより、河川沿いに住む人々が悪臭被害に悩まされた。
　　③　新しく商業施設ができたことにより、その地域の地価が上昇した。
　　④　ある企業の商品が人気を博したことにより、類似商品を取り扱う他企業の売り上げが落ちた。

問3　GDP に含まれない項目について**適切でないもの**を、次の①〜④のうちから一つ選べ。

　　① 子供が正月にお年玉をもらった。これは GDP に含まれない。

　　② 株式を売却したことにより利益が出た。これは GDP に含まれない。

　　③ 中古品を売って対価を得た。これは GDP に含まれない。

　　④ 工場から出る排ガスにより喘息患者が増えたため、工場を保有する企業が被害者の医療費を負担した。これは GDP には含まれない。

問4　国内総生産（GDP）に含まれないものとして適切なものを、次の①〜④のうちから一つ選べ。

　　① 中間生産物

　　② 固定資本減耗

　　③ 家計消費支出

　　④ 農家の自家消費農作物

問5　経済の変動について述べた文として**適切でないもの**を、次の①〜④のうちから一つ選べ。

　　① 不況時には価格の下落が起こり、デフレーションが起こりやすくなる。

　　② 好況時には消費活動が活発になり、企業の雇用が拡大する。

　　③ 景気は常に一定ではなく、好況・後退・不況・回復を繰り返している。

　　④ 不況時には価格の下落が起こるため、需要が増加し、企業全体の収益が増加する。

解答・解説

問1：②

　空欄Aについて、一定期間の経済活動量を示す量を「フロー」といいます。空欄Bについて、物価を考慮して計測された経済成長率を「実質経済成長率」といいます。したがって、正解は②です。なお、「ストック」はある時点での富の蓄積量のことで、建物や土地が計測されます。「名目経済成長率」は、物価を考慮せずに計測された経済成長率です。

問2：②

　外部不経済とは、ある経済主体の行為が市場を通さないで、第三者に不利益を与えることです。①と④については、市場内での競争に関する説明なので、誤りです。③については、外部経済に関する説明なので、誤りです。したがって、正解は②です。

問3：④

　GDPは、市場を介さないものや新たな付加価値ではないものは計算に含まれません。①は市場を介していないため、GDPに含まれません。②と③は、新たな付加価値ではないため、GDPには含まれません。④は、医療費の支払いは市場を介するため、GDPに含まれます。したがって、正解は④です。

問4：①

　中間生産物は、家計で消費される最終生産物をつくる過程で使用される原材料や燃料、部品などです。その価値は最終生産物のなかに含まれているので、GDPの計算から除外されます（GDPは最終生産物のみで計算されます）。したがって、正解は①です。

問5：④

　適切でないのは④です。不況時には価格の下落が起こるため需要が増加する傾向がありますが、価格の下落は企業収益の悪化となるため、企業全体の収益が増加するとはいえません。したがって、正解は④です。

3. 企業から見た経済

高卒認定試験では、日本の企業の状況や株式会社に関する問題がよく出題されています。現代の企業に求められていることも含め、幅広く見ておくようにしましょう。

Hop｜重要事項

 企業の役割と責任

　企業はさまざまな商品・サービスを生産・販売し、利潤を得ることを目的に活動しています。近年、企業は経済活動だけでなく環境保護や社会貢献などさまざまな役割を求められています。

企業の分類

- ◉ 公企業 …… 国や地方公共団体が出資・経営する
- ◉ 私企業 …… 民間が出資・経営する
- ◉ 公私合同企業 …… 国や地方公共団体と民間が合同で出資・運営する

関連用語

- ◉ 企業の社会的責任（CSR）…… 法令遵守や環境問題への貢献など、企業が社会に期待されている社会的な責任
- ◉ メセナ …… 企業が行う文化・芸術的支援活動
- ◉ フィランソロピー …… 企業の社会的貢献や慈善事業活動
- ◉ 法令遵守（コンプライアンス）…… 企業が法令・契約・社内規定などを守ること
- ◉ コーポレート・ガバナンス …… 企業統治のこと。会社の健全な運営のための仕組みのことで、外部取締役による監視などがある
- ◉ 郵政民営化 …… 公企業であった日本郵政公社は民営化され、2007 年から日本郵政株式会社となった

さまざまな企業の形

　会社の形態は、出資者の特徴や設立時のルールによって下表のように分類されます。日本における会社の新規登記数のうち、株式会社が占める割合は7～8割にのぼっています。

種類	最低資本金	取締役	出資者	持株譲渡
株式会社	制限なし	1人以上	有限責任の株主1人以上	自由
合名会社			無限責任社員1人以上	全社員の承認が必要
合資会社			有限・無限責任社員が混在	無限責任社員全員の承認が必要
合同会社			有限責任	定款で決定

※ 2006年施行の「会社法」により、かつての有限会社は廃止となったが、既存の有限会社は特例有限会社として存続している。また、株式会社を設立するうえでの最低資本金は1千万円以上から1円以上となり、会社設立がしやすくなった。

株式会社

　株式会社とは、株式を発行することにより資本金を集めて設立された会社です。

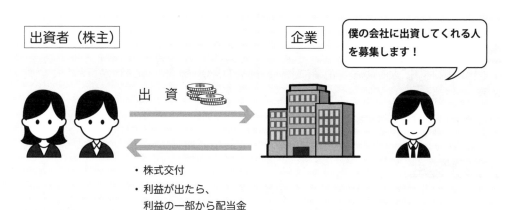

出資者（株主）　　　　　　　　　　　企業

僕の会社に出資してくれる人を募集します！

出　資

・株式交付
・利益が出たら、
　利益の一部から配当金

株式は日々売買が行われており、価格が変動しています。仮に、10万円出資して得た株に人気が出て、15万円になったとします。このときに株を売れば、出資者は5万円利益が出ますね！　ただし、株の人気が下がって、購入した値段より売った値段が下がることもあります。

株式会社の特徴

◉ 株主の有限責任 …… 出資していた企業が万が一倒産した際、株主は出資の範囲内で責任をもつ（一方、出資していた会社が倒産した際に出資者が債務を弁済しなければいけないことを無限責任と呼ぶ）

◉ 株主総会が最高意思決定機関となる

◉ 株主総会 …… 株主は株主総会に出席する権利があり、会社の具体的経営や役員決定などについて、１株１票の議決権をもつ

◉ 株の持ち合い …… 企業どうしが互いの株を持ち合うことで協力関係を形成し、企業の乗っ取り防止など、協力関係を築くことができる

◉ 所有と経営の分離 …… 株主は株式を保有するのみで、経営は専門家である経営者が行う

📖 **参　考** **株式市場の種類**

株式の売買をする市場を株式市場と呼び、企業規模や売り上げ、従業員数などによって、自社の株を売りに出す（上場）できる市場が変わる

※株式市場には、東証一部・東証二部・マザーズ・JASDAQ などがある

💡 近年の企業の動向と諸課題

企業買収の増加

　近年は規模の拡大をめざす企業により、企業の**合併・買収（M&A）**が行われています。また、異業種の企業を合併・買収することで多角化をめざす企業（コングロマリット・複合企業）も増えてきています。

企業の海外進出

　日本は 90 年代の不況を経験し、企業はコスト削減の必要に迫られました。結果、国際競争力を高めるため、賃金・製造コストの安い中国や ASEAN 諸国への進出が増加しました。

➡ 企業の海外進出が進むにつれて国内の産業は衰退し、**産業の空洞化**が進んでいます。

ペティ・クラークの法則

　一国の経済は、経済発展につれて産業の中心が第1次産業から第2次産業へ、さらには第3次産業へ移行するというものです。現在、日本の産業は第3次産業が中心となり、経済のソフト化・サービス化が進んでいます。

＜国内産業別就業人数の変化＞

年	第1次産業	第2次産業	第3次産業	(%)
1970	17.4	35.2	47.4	
1990	7.2	33.6	59.2	
2005	4.4	27.0	68.6	
2021	3.1	22.8	74.1	

第2次産業：製造業・建設業
第3次産業：卸売・小売業／サービス業／医療・福祉／その他
第1次産業：農林水産業

独立行政法人労働政策研究・研修機構
統計データ「産業別就業者数」より作成

ベンチャー企業の増加

　ベンチャー企業とは、独自の技術や専門分野で新しい市場の開拓に挑む企業です。会社法改正などによる起業の促進や東証マザーズなどの株式市場開設により、毎年多くのベンチャー企業が登場しています。

中小企業の形態と課題

　全企業のうち、中小企業の事業所数が占める割合は約99％となっています。

◉ 中小企業の形態
- 独立企業 …… 大企業がもたない高度な熟練技術をもつ企業・ベンチャー企業・地域の特性を活かした地場産業など
- 下請企業 …… 大企業の注文を受け、部品や製品の製造などを行う企業
- 系列企業 …… 大企業が大株主であったり、役員を派遣したりして経営を統制されている企業

◉ 中小企業の課題
- 生産力の差 …… 日本の製造業では、事業所数で約99％を中小企業が占めているが、1％あまりの大企業が出荷額の約半分を占めている
- 二重構造 …… 大企業と中小企業の間に、賃金や生産性などさまざまな面で格差が存在すること

 **Step｜基礎問題**

（　）問中（　）問正解

■ **各問の空欄に当てはまる語句をそれぞれ①〜③のうちから一つずつ選びなさい。**

問1　企業はさまざまな商品・サービスを生産・販売し、利潤を得ることを目的としているが、同時に（　　　　）があり、法令遵守や環境問題への貢献が求められている。
　　　　① 道義的責任　　② 過失責任　　③ 社会的責任

問2　企業が法令・契約・社内規定などを守ることを（　　　　）といいます。
　　　　① メセナ　　② コーポレート・ガバナンス　　③ コンプライアンス

問3　株式会社設立に必要な資本金の額は（　　　　）である。
　　　　① 1円　　② 100万円　　③ 1,000万円

問4　株式会社が負債を抱えて倒産した場合でも、株主は株式の額面以上の損失を被ることはない。このことを（　　　　）という。
　　　　① 株の持ち合い　　② 有限責任　　③ 所有と経営の分離

問5　日本の企業には、しばしば、（　　　　）による企業間の協力関係が見られる。
　　　　① 株の持ち合い　　② 有限責任　　③ 所有と経営の分離

問6　株主は株を持っているだけで、実際の経営は専門家である経営者のみで行うことを（　　　　）という。
　　　　① 株の持ち合い　　② 有限責任　　③ 所有と経営の分離

問7　（　　　　）とは、一国の経済は経済発展につれて産業の中心が第1次産業から第2次産業へ、さらには第3次産業へ移行することをいう。
　　　　① ペティ・クラークの法則　　② 比較生産費説　　③ ワルラスの法則

 解 答

問1：③　問2：③　問3：①　問4：②　問5：①　問6：③　問7：①

問 8　（　　　　　）とは独自の技術や専門分野で新しい市場の開拓に挑む企業である。
　　　　　① 多国籍企業　　② ベンチャー企業　　③ 中小企業

問 9　企業の合併・買収のことを（　　　　）という。
　　　　　① CSR　　② ISO　　③ M&A

問 10　大企業の注文を受け、部品や製品の製造などを行う企業のことを（　　　　　）
　　　　　という。
　　　　　① 零細企業　　② 提携企業　　③ 下請企業

　解　答

問 8：②　問 9：③　問 10：③

■ 次の会話文を読んで、問1に答えよ。

先　生：今日は企業の社会的責任について考えてみましょう。企業はモノやサービスを
　　　　提供して利益を出すだけでなく、様々な社会貢献も行っていましたね。具体的
　　　　にどのような例がありますか？

陽　平：この前、コンサートに行ってきたのですが、そのコンサートホールは、ある有
　　　　名な企業が音楽文化の発展のために建てたホールなんだそうです。この例は、
　　　　　A　にあたるのではないでしょうか？

先　生：そうですね、ほかにも美術館を運営している企業もあったりしますね。企業に
　　　　はこうした社会的責任や期待に応えていくだけでなく、積極的な情報公開を行
　　　　うなど、健全な経営を行うための企業統治である　B　についての取り組みを
　　　　行うことも求められています。

問1　　会話文中の　A　、　B　に当てはまる語句の組み合わせとして適切なものを、
　　　　次の①～④のうちから一つ選べ。

	A	B
①	メセナ	コンプライアンス
②	フィランソロピー	コンプライアンス
③	メセナ	コーポレート・ガバナンス
④	フィランソロピー	コーポレート・ガバナンス

■ 次の問いを読み、問2～5に答えよ。

問2　　株式会社について述べた文として適切なものを、次の①～④のうちから一つ選
　　　　べ。

　　　　① 株式会社を設立するには定款を作成し、公証人役場で認めてもらう必要
　　　　　がある。

　　　　② 株式会社が倒産したら出資者は無限責任を負う。

　　　　③ 株式会社の開業のための資金は借金をして調達する。

　　　　④ 株式会社の利益はすべて株主に還元される。

問3　現代の企業において求められている「コーポレート・ガバナンス」について述べた文として**適切でないもの**を、次の①〜④のうちから一つ選べ。

　　① 経営者の独走・暴走をチェックでき、阻止できること。

　　② 組織ぐるみの違法行為をチェックでき、阻止できること。

　　③ 企業理念を実現するために、全役員・従業員の業務活動が方向づけられていること。

　　④ リストラを実施することができること。

問4　日本経済の二重構造について述べた文として適切なものを、次の①〜④のうちから一つ選べ。

　　① 大企業と中小企業には賃金や生産性などさまざまな面で大きな格差があること。

　　② 企業の海外進出が進んで、国内企業の生産が減退していること。

　　③ 大企業が株主として系列企業の経営を統制していること。

　　④ 日本の企業を事業所数で比較すると、中小企業の割合が圧倒的に高いこと。

問5　株式会社について述べた文として**適切でないもの**を、次の①〜④のうちから一つ選べ。

　　① 会社法の改正により、有限会社の新たな設立ができなくなった。

　　② 株主総会における株主の議決権は、原則として持株数に比例している。

　　③ 株式会社は会社の規模により、いずれかの株式市場に上場しなければならない。

　　④ 株式会社に出資した株主は、株主総会に参加する権利をもつ。

解答・解説

問1：③

　空欄Aについて、企業が行う文化や芸術に対する支援活動を「メセナ」といいます。空欄Bについて、企業統治を意味する言葉は「コーポレート・ガバナンス」です。したがって、正解は③です。なお、「フィランソロピー」は企業の社会貢献や慈善事業です。「コンプライアンス」は、法令順守を意味します。

問2：①

　正解は①です。定款とは会社名・目的・本店の場所・公告の方法・株式数・株価・人事・営業年度などを書類にまとめたものです。なお、②については、株式会社の出資者は有限責任であるため、誤りです。出資者は出資の範囲内で責任を負います（有限責任）。③については、株式会社開業時の資本金は株を売って調達しますので、誤りです。④については、会社の利益は会社のものになり、すべて株主に還元されるわけではありませんので、④は誤りです。

問3：④

　コーポレート・ガバナンスとは、企業が企業資産の利用や支出において、経営の公正さや透明性を保証し、情報開示および説明責任を果たすことをコントロールし、指導することです。リストラは関係ありません。したがって、正解は④です。

問4：①

　大企業と中小企業のさまざまな格差の問題を日本経済の二重構造といいます。したがって、正解は①です。なお、②③④も日本経済の特徴となります。

問5：③

　適切でないのは③です。株式会社は株式によって資金を集めて設立する会社ですが、株式市場への上場は企業が選択することができます。

4. 金融と財政

景気を安定させ、人々の生活に大きな影響を与えないように経済を調整しているのが、日本銀行による金融政策と政府による財政政策です。それぞれどのように景気を安定化させる試みをしているのか確認していきましょう！

Hop | 重要事項

🔍 金融と銀行

お金があるところからないところに融通することを「金融」といい、その役割を果たす機関を金融機関と呼びます。お金の貸し借りを行う市場を金融市場といい、銀行などの金融機関が行う「預金」と「貸し出し」を通じてお金は社会のなかを循環しています。

- ◉ 間接金融 …… 銀行などの金融機関を通して資金を借りること
- ◉ 直接金融 …… 株式・社債などを発行して、家計から直接借りること

 参 考 **金融機関の分類**
- 中央銀行 …… 国家の金融機構の中核となる機関。日本における日本銀行
- 民間金融機関 …… 銀行、証券会社、保険会社など
- 公的金融機関 …… 公共的な目標達成を目的とした金融機関

日本銀行

日本銀行は、唯一お札を刷ることができる特別な銀行です。この特権を活用し、日本銀行は通貨量の調整によって景気の安定化を図ります。これを金融政策といいます。

日本銀行の3つの役割

- ◉ 発券銀行 …… 紙幣を独占的に発行する
- ◉ 銀行の銀行 …… 銀行にお金を貸す
- ◉ 政府の銀行 …… 政府のお金を預かる

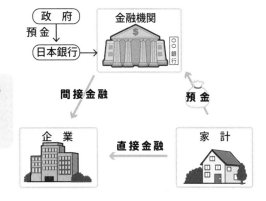

通貨制度

　わたしたちが普段使っている紙幣は日本銀行が発行し、硬貨は政府が発行しています。お金を発行する基準となる通貨制度は大きく 2 種類あり、それぞれにメリット・デメリットがあります。現在、日本の通貨制度は管理通貨制度となっています。

種類	特徴	メリット	デメリット
金本位 制度	金の保有量に応じて通貨を発行する。発行された通貨や紙幣は、金との交換が義務付けられる（兌換紙幣という）	金との交換義務がある ➡ 通貨の信用が保てる ➡ 物価が安定する	金の保有量 ＝ 通貨発行可能量となるため、通貨量の調整が困難
管理通貨 制度	中央銀行が供給量を管理して、通貨を発行する。金との交換義務はない（不換紙幣という）	不況対策として通貨増発が可能	インフレを招きやすい

金融制度の変化

　日本の金融市場にも競争原理が導入され、**金融ビッグバン構想**（1996 年）により、大幅な規制緩和が行われました。

- ◉ 金利の自由化 …… 普通預金などの金利自由化
  　　　　　　　　　※定期預金はそれ以前から自由化されていた
- ◉ 金融業務の自由化 …… 銀行・証券会社・保険会社間の垣根が取り払われ、銀行でも投資信託などを扱うことが可能になった
- ◉ 為替業務の自由化 …… 外国為替業務が一般の事業所でも行えるようになった

信用創造

　銀行は信用創造の仕組みを通して最初の預金の何倍もの預金通貨をつくり出します。

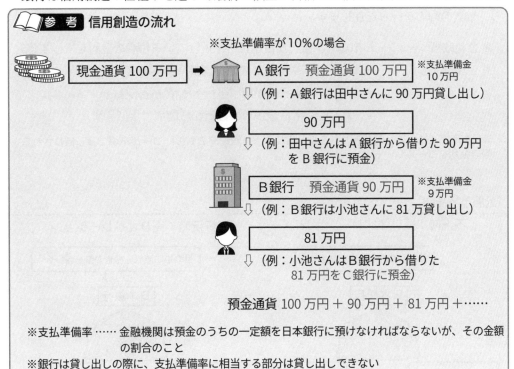

参 考 信用創造の流れ

※支払準備率が10%の場合

現金通貨 100 万円 → A銀行　預金通貨 100 万円　※支払準備金 10 万円

⇩ （例：A銀行は田中さんに 90 万円貸し出し）

90 万円

⇩ （例：田中さんは A 銀行から借りた 90 万円
　　　を B 銀行に預金）

B銀行　預金通貨 90 万円　※支払準備金 9 万円

⇩ （例：B銀行は小池さんに 81 万貸し出し）

81 万円

⇩ （例：小池さんは B 銀行から借りた
　　　81 万円を C 銀行に預金）

預金通貨 100 万円 ＋ 90 万円 ＋ 81 万円 ＋……

※支払準備率 …… 金融機関は預金のうちの一定額を日本銀行に預けなければならないが、その金額
　　　　　　　　の割合のこと
※銀行は貸し出しの際に、支払準備率に相当する部分は貸し出しできない

関 連 用 語

◉ ペイオフ …… 本来、銀行などが経営破綻したとき、預金などの元本 1,000 万円までとその
　　　　　　　利息分までを保障する制度
　　　　　　　※ペイオフ全面解禁は 2005 年 4 月に行われた

🔈 金融政策

　日本銀行は国内に流通する通貨量を調整する金融政策を行い、物価の安定をはかったり、景気の調節を行ったりします。

- ◉ 金利政策 …… コール市場や、銀行が日本銀行に預けている預金の金利を操作する
- ◉ 公開市場操作 …… 日本銀行が市中銀行との間で国債や手形を売買する
  - ・ 売りオペ ➡ 日銀が市中銀行へ国債・手形を売却
  - ・ 買いオペ ➡ 日銀が市中銀行から国債・手形を購入

※ コール市場とは、銀行間で行われる貸し借りのうち短期間のもの。コール市場で貸し借りされる際の金利をコールレートという。

【公開市場操作】

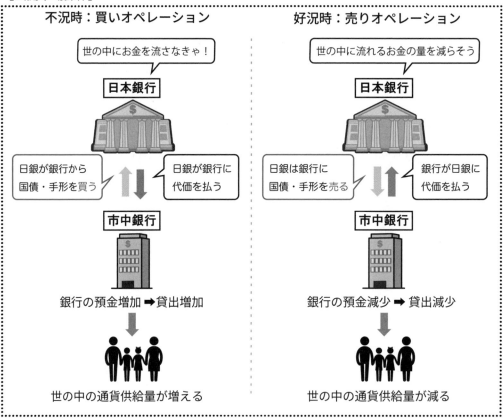

🏷 関 連 用 語

- ◉ マネーストック …… 金融機関全体から市場に供給される通貨の量
- ◉ 量的緩和政策 …… 日銀が各銀行の保有する国債などを買い上げて、民間銀行が日銀に持つ当座預金残高を増やす政策。各銀行は余剰資金ができるので企業への貸し出しが増加する（日銀は1999年からゼロ金利政策をとったが景気が上向かず、量的緩和政策を行った）

💡 財政の役割

　政府の経済活動を財政といいます。民間だけでは提供できない公共サービスを提供するために、租税や保険料などから収入を得て、さまざまな行政サービスを行うために予算を立て、支出しています。

予算の種類

- ◉ 一般会計 …… 基本的な活動のための支出
- ◉ 特別会計 …… 特別な目的のために一般の歳入(さいにゅう)・歳出(さいしゅつ)（一般会計）から切り離して行われる会計。公共事業や保険・融資などにあてられる
- ◉ 政府関係機関 …… 政府関係機関に配分される予算
  ※ 国は予算とともに財政投融資による投融資活動も行っている

租税

　租税は財政収入の主要な財源で、国に納める税を国税（消費税・所得税・相続税など）、地方自治体に納める税を地方税（住民税や固定資産税など）といいます。両者はさらに、次のように分類できます。

直接税	・税金の負担者と納税者が同じ税 ➡ 累進課税制度(るいしんかぜい)（所得の高い人ほど税率が段階的に高くなる） ➡ 垂直的公平	所得税 相続税 など
間接税	・税金の負担者と納税者が異なる税 ➡ 所得水準にかかわらず一律の税率 ➡ 水平的公平	消費税 酒税 など

※所得が低い人ほど負担が大きくなる課税を逆進課税といい、間接税は逆進性が高い。

財政の機能

- ◉ 資源配分機能 …… 得た税金をもとに、社会資本や公共サービスを提供する
  - 例 警察・消防・公園などの公共財、道路・港湾などの社会資本の整備
- ◉ 所得再分配機能 …… 所得格差を縮小する。所得税などの累進課税制度や社会保障制度により、所得分配の不平等を是正する
- ◉ 景気の安定化機能 …… 政府による景気の調節（財政政策）
  ※ 公害による健康被害のように市場の外部で他者に不利益を与えるような外部不経済などの「市場の失敗」を補うのも財政の役割

財政政策

　政府が行う景気調節を目的とした財政政策をフィスカル・ポリシーといいます。また、累進課税制度や失業給付などの制度には景気を調節するはたらきが内在しているため、景気の自動安定化装置（ビルト・イン・スタビライザー）とよばれています。

- ◉ 好況時 …… 増税＆財政支出削減
- ◉ 不況時 …… 減税＆財政支出拡大

> たとえば、不況時には減税をして人々にお金が残るようにすれば、民間需要が喚起でき、景気を刺激できますね！　逆に好況時には増税をして世の中からお金を吸い上げることで、景気が過熱しすぎないようにしています。

参考 景気の自動安定化装置　例：不況時
- 国民所得減少 ➡ 累進課税制度により減税効果
- 失業者・生活困窮者増加 ➡ 社会保障制度で給付を行う（好況時にはこの逆になる）

財政の課題

　政府の歳入が予算に対して足りない場合、国債（こくさい）という借金によって財政収入がまかなわれています。日本は主要国のなかでも GDP に対する債務残高（さいむ）の割合が非常に高く、増え続けている財政赤字が問題となっています。

国債の種類

- ◉ 建設国債 …… 使途を公共事業などに限定した国債。国の資産につながるため、発行してもよい
- ◉ 特例国債 …… 歳入不足を補うために発行する国債。財政法により禁止されているが、毎年、特例法を制定して発行している
  ※財政法5条では、国債の市中消化を原則としており、日銀による国債引受は禁止されている

関連用語

- ◉ ポリシー・ミックス …… 日本銀行が行う金融政策と財政政策を併用すること
- ◉ プライマリー・バランス …… 税収などの歳入と歳出の差

（　）問中（　）問正解

■ 各問の空欄に当てはまる語句をそれぞれ①～③のうちから一つずつ選びなさい。

問1 景気の調整のために、国内に流通する通貨の量を調節することを（　　　）という。
　　　① 金融政策　　② 財政政策　　③ 累進課税制度

問2 日本銀行が行う金融政策として当てはまらないものは（　　　）である。
　　　① 増税や減税　　② 金利政策　　③ 公開市場操作

問3 企業などが銀行を介さず資金を調達する方法を（　　　）という。
　　　① 直接金融　　② 間接金融　　③ 為替金融

問4 日本銀行が市中銀行との間で国債や手形を売買して、国内に流通するお金の量を調節することを（　　　）という。
　　　① 金利操作　　② 公開市場操作　　③ 預金準備率操作

問5 政府は財源の不足を補うために、（　　　）を発行している。
　　　① 株式　　② 地域振興券　　③ 国債

問6 管理通貨制度のもとでは、通貨量を調節しやすい反面、（　　　）を招く危険がある。
　　　① インフレ　　② デフレ　　③ 景気後退

問7 税金を負担する義務のある人が納税する税のことを（　　　）という。
　　　① 直接税　　② 間接税　　③ 地方税

問8 直接税について、所得の高い人ほど税金が高率で課される制度を（　　　）という。
　　　① 公定歩合操作　　② 累進課税制度　　③ 金融政策

問9 租税のうち、国に納められるものを（　　　）という。
　　　① 国税　　② 地方税　　③ 国民年金

問10 日本銀行の役割といえないものは（　　　）である。
　　　① 政府の資金を預かる　　　② 民間の銀行に資金を貸し出す
　　　③ 一般企業に資金を融資する

解答

問1：①　問2：①　問3：①　問4：②　問5：③　問6：①　問7：①　問8：②
問9：①　問10：③

■ 次の文章を読んで、問1に答えよ。

　日本銀行は市場の通貨供給量をコントロールする金融政策を行うことで、景気の安定化をはかっています。

　不況時には景気を刺激し、消費を増やす必要があります。このとき、日本銀行は公開市場操作で国債を買うことで（買いオペレーション）、市中銀行に通貨を注入します。市中銀行が市場に貸し出しを増やそうとするとき、金融市場の通貨の供給が増加するため、金利は　A　します。多くの企業が資金調達をしやすくなることで、設備投資などの消費が増えるなどの景気刺激につながることが期待されます。

　一方、好況時には景気を抑制するために、日本銀行は国債を売ることで（売りオペレーション）、通貨が日本銀行に入り、金融市場では通貨の供給が減少します。これにより、金利は　B　します。

問1　　文章中の　A　、　B　に当てはまる語句の組み合わせとして適切なものを、次の①〜④のうちから一つ選べ。

	A	B
①	上昇	上昇
②	上昇	下落
③	下落	上昇
④	下落	下落

■ 次の問いを読み、問2〜5に答えよ。

問2　　金融と財政について述べた文として適切なものを、次の①〜④のうちから一つ選べ。
　　　　① 日本銀行は、金融政策と財政政策を行い、景気の調整を行っている。
　　　　② 日本銀行は政府の資金を預かるだけでなく、個人の預金管理も行っている。
　　　　③ 日本版金融ビッグバンにより、銀行・証券・保険などの相互参入が禁止された。
　　　　④ 不況時の対策として、政府の行う公共事業が有効だとされている。

問3　経済が不況のときに行われると考えられる適切な政策の組み合わせを、次の①
〜④のうちから一つ選べ。
　　　① 売りオペレーションと減税
　　　② 売りオペレーションと増税
　　　③ 買いオペレーションと減税
　　　④ 買いオペレーションと増税

問4　財政の役割について述べた文として**適切でないもの**を、次の①〜④のうちから
一つ選べ。
　　　① 税金を集めて、国民がみな平等に利用できる公園を整備した。これは資
　　　　源再配分機能の例である。
　　　② 税収の一部を、社会保障費に充てて格差の解消に努めた。これは所得再
　　　　分配機能の例である。
　　　③ 直接税は所得の高い人ほど税率が高くなる仕組みであるため、逆進課税
　　　　とよばれる。
　　　④ 財政は、需要があるにもかかわらず供給が少ない社会資本の整備を行い、
　　　　市場の失敗を補っている。

問5　国債について述べた文として適切なものを、次の①〜④のうちから一つ選べ。
　　　① 日本の国債発行が増加の一途をたどったのは1973年の第一次石油危機
　　　　からである。
　　　② 特例国債は、将来国の資産につながる国債であるため、発行が許可され
　　　　ている。
　　　③ 建設国債は、歳入不足を補うために発行する国債であるため、発行は禁
　　　　止されている。
　　　④ 税収と歳入のバランスであるプライマリー・バランスの問題は1990年
　　　　代に深刻化したが、2010年代にその問題は解決された。

解答・解説

問1：③

　金融市場の通貨供給量が増えると、一般的に銀行は貸出を増やすために金利を下げる傾向があります。一方、通貨供給量が減ると、資金需要があるときには金利が上昇する傾向があります。したがって、正解は③です。

問2：④

　①について、日本銀行は金融政策により景気の調整を行っています。財政政策は政府が行う景気調節です。よって、①は誤りです。②について、日本銀行は個人の預金管理は行っていません。よって、②は誤りです。③について、日本版金融ビッグバンにより、銀行・証券・保険などの相互参入が可能となりました。よって、③は誤りです。したがって、正解は④です。

問3：③

　売りオペレーションは公開市場において、日銀が国債などを売却し通貨量を減少させる金融政策であり、買いオペレーションはその逆に通貨量を増加させます。不況時には公開市場操作として買いオペレーションを行い、景気を刺激します。減税は消費者の所得を増加させ需要を拡大することができるので不況時に行われます。したがって、正解は③です。

問4：③

　適切でないのは③です。逆進課税とは、所得が低い人ほどの負担が大きくなる課税のことです。逆進性が高いことは、所得水準にかかわらず一定の税率がかけられる間接税の特徴となります。

問5：①

　②と③については、建設国債と赤字国債の説明が逆となっています。よって、②と③は誤りです。④について。プライマリー・バランスの問題は、未だ解決されていません。よって、④は誤りです。したがって、正解は①です。

5. 国民生活と労働

近年、国民生活で問題となっている消費者問題と新しい法制度を確認しておきましょう。社会保障制度や労働については頻出事項になりますので、基本的内容をきちんと見ておきましょう。

Hop | 重要事項

消費者問題

日本で消費者問題が注目されはじめたのは、高度経済成長期に入るころからです。近年ではマルチ商法や消費者の不安につけ込む悪質商法が問題となっています。

📖 参 考 悪徳商法の種類

マルチ商法	「会員を増やすとその分もうかる」などと言って健康食品などを買わせる
ワンクリック請求	インターネットや動画などの利用が有料であると明示せずに、突然、料金請求画面を表示して支払いを強いる
当選商法	「当選した人だけに」と誘って商品を買わせる
ネガティブオプション	商品を一方的に送りつけて代金を支払わせる
キャッチセールス	「アンケートに答えてほしい」などと言って近づき、化粧品や語学教材などを買わせる
デート商法	デートに誘うと思わせて指輪などの高額商品を買わせる
かたり商法	役所の人間などのふりをして消火器などを買わせる

消費者問題と法制のあゆみ

消費者問題の発生を受けて、日本ではさまざまな法整備がなされています。

- ◉ 消費者保護基本法（1968 年）……消費者保護について基本的な枠組みを規定
- ◉ 消費者基本法（2004 年）……消費者の権利を初めて明記。事業者責務・行政の責務・消費者の役割を規定
- ◉ 消費者庁の設置（2009 年）

消費者に関する主な法律

◉ 特定商取引法 …… 過大な広告・うその説明を規制
◉ 割賦販売法 …… 支払能力を超えた契約などを禁止
◉ 消費者契約法 …… 過剰宣伝があった場合、5年以内の契約ならば契約解除できることなどを規定
◉ 製造物責任法 (PL 法) …… 商品の欠陥によって消費者が損害を受けた場合に、製造業者の過失の有無にかかわらず、業者に責任が課される

```
関 連 用 語
```

◉ 消費者の4つの権利 …… 1962 年にアメリカのケネディ大統領が提唱した「安全を求める権利、知らされる権利、選ぶ権利、意見を聞いてもらう権利」が有名
◉ 消費生活センター …… 地方公共団体の相談窓口。国民生活センターと連携して、消費者の生活の安定・向上をはかるため情報提供を行う
◉ クーリング・オフ …… 消費者が契約書を受け取ってから一定期間内であれば、一方的かつ無条件に契約を解除できる制度
※適用取引分野は訪問販売・電話勧誘販売など

社会保障

　社会保障とは、人々の最低限度の人間らしい生活を国や地方公共団体が保障することです。大きく社会保険・社会福祉・公的扶助・公衆衛生に分かれています。

憲法第 25 条【生存権】

❶ すべて国民は、健康で文化的な最低限度の生活を営む権利を有する。

❷ 国は、すべての生活部面について、社会福祉、社会保障及び公衆衛生の向上及び増進に努めなければならない。

社会保障制度の種類と内容

社会保険	医療保険	健康保険・国民健康保険・共済組合・後期高齢者医療制度など 被保険者やその扶養者に疾病・負傷が起こったとき、医療サービスが受けられる。 医療費の自己負担額は１割～３割
	年金保険	国民年金・厚生年金 障がいを負ったときや老後、死亡時に給付金が支払われる
	雇用保険	失業時や育児介護休業中に給付金が支払われる
	労働者災害補償保険 （労災保険）	業務上のケガ・病気時に給付金が支払われる
	介護保険	介護が必要になったときに、サービスが利用できる
社会福祉		高齢者など、特別の配慮や保護が必要な人へのサービス
公的扶助		生活困窮者に対し、人間らしい生活を送るための金銭や物資を支給。別名：生活保護
公衆衛生		国民の健康を守るさまざまな取り組み

※社会保険は被保険者の保険料と税金、その他は税金が財源となっている。

※介護保険の被保険者は40歳以上。

◉ 日本の医療保険制度 …… 国民はいずれかの医療保険に加入する（国民皆保険）。医療の高度化・医療提供体制の整備・１人あたりの医療費が高い高齢者の増加などにより、国民医療費は年々増加している

◉ 日本の年金制度 …… 日本では原則として20歳以上60歳未満のすべての者が公的年金に加入する仕組み（国民皆年金）となっている。年金は、全員に共通に支給される基礎年金（国民年金）と、それに上乗せされる厚生年金保険の２階建ての制度となっている

📖 参 考 ベバリッジ報告

1942年にイギリスで発表されたベバリッジ報告は、近代的な社会保障制度の制度化のはじまりとして有名である（スローガンは「ゆりかごから墓場まで」）

🔖 労働問題

労働基本権

　労働基本権は、19世紀以降の欧米で過酷な労働を強いられてきた労働者が団結し、資本家と交渉する過程で確立されてきました。日本では、日本国憲法第27条「勤労権」と第28条「労働三権」で規定されています。

◉ 労働三権

　　　　団結権：労働組合を結成する権利
　　団体交渉権：労働条件について労働者が労働組合を通じて使用者と交渉する権利
　　団体行動権：ストライキなどの争議行為を行う権利

◉ 労働組合法 …… 労働三権を保障する
◉ 労働基準法 …… 労働時間や賃金などの労働条件の最低基準を定める
◉ 労働関係調整法 …… 労働者と使用者の間で労働紛争が生じたとき、労働委員会が両者間を調整する

憲法第 27 条【勤労権】
1 すべて国民は、勤労の権利を有し、義務を負ふ。
2 賃金、就業時間、休息その他の勤労条件に関する基準は、法律でこれを定める。
3 児童は、これを酷使してはならない。

憲法第 28 条【労働三権】
勤労者の団結する権利及び団体交渉その他の団体行動をする権利は、これを保障する。

関連用語

◉ 不当労働行為 …… 使用者が労働組合による活動を妨害すること。この場合、労働者は労働委員会に救済を求めることができる
　（組合に加入したことによる不当な扱いや組合に加入しないことを雇用条件とする ➡ 団結権侵害）
　（正当な理由なく団体交渉を拒否する ➡ 団体交渉権侵害）
　（組合に経費援助を行う ➡ 労働組合の自主性の侵害）
◉ ストライキ …… 労働者が集団で業務を停止すること。労働者が使用者に対し、労働条件の改善などを求めて行う労働争議のひとつ
◉ 労働委員会 …… 使用者代表・労働者代表・公益代表がそれぞれ同数で組織され、労働争議の解決をはかる。国や地方公共団体に設置される

参 考 **公務員の労働三権**

公務員の労働基本権は、仕事の公共性や権利行使による社会的影響を理由に一部制限されている

職　種	団結権	団体交渉権	団体行動権
一般職の公務員等	○	△	×
警察・消防・自衛官等	×	×	×

雇用における平等の課題

　日本では男女間の賃金格差は年齢が上がるにしたがって拡大する傾向があり、賃金や昇進などにおいて、依然として差別が見られます。現在、こうした差別を是正するための法整備が進められています。

　原因 ➡ 管理職が男性に比べて少ない、育児のための退職などで勤続年数が短い、
　　　　　パートタイムなど非正規雇用が多いなど

◉ 男女雇用機会均等法（1997 年改正）…… 雇用や昇進に対して男女の差別を禁止
　　　　　　　　　　　　　　　　　　　セクハラの禁止
◉ 育児・介護休業法（1995 年）…… 男女ともに、育児や介護のための休業を取得
　　　　　　　　　　　　　　　　　できる制度

さまざまな働き方と諸制度

　これまで日本を支えてきた独特の制度として、終身雇用制度や年功序列賃金制度などがありますが、近年、景気の低迷や働き方の多様化により、労働に関するさまざまな制度が見られます。また、労働と生活のバランスを取る**ワーク・ライフ・バランス**を求める声も高まっています。

◉ 派遣労働…… 派遣元企業に雇用され、派遣先企業で働く　※日雇い派遣は原則禁止
◉ 年俸制…… 一年ごとに業績の評価を行い、賃金を決定する
◉ ワークシェアリング …… 労働時間を短縮し、多くの人で仕事を分け合う雇用創出方
　　　　　　　　　　　　法
◉ 変形労働時間制 …… 一週間の法定労働時間範囲内で、勤務時間の在り方を変形で
　　　　　　　　　　　きる制度。フレックスタイム制もこの一種。出勤時間や出勤
　　　　　　　　　　　日数を生活に合わせて柔軟に変えられる期待がある

 **Step** | 基礎問題

(　)問中(　)問正解

■ **各問の空欄に当てはまる語句をそれぞれ①～③のうちから一つずつ選びなさい。**

問1　次のなかで「悪質商法」にあたるものは（　　　　）ことである。

　　　① 「抽選で旅行が当たる」などと言い、アンケートに答えてもらう

　　　② 「会員を増やすとその分もうかる」などと言い、健康食品などを買わせる

　　　③ 試乗をすることなく自動車の販売契約を行う

問2　日本国憲法第25条に示されている（　　　　）により、人々は最低限度の人間らしい生活をおくることを保障されている。

　　　① 平等権　　② 自由権　　③ 生存権

問3　社会保障の内容としてふさわしくないものは（　　　　）である。

　　　① 社会福祉　　② 公的扶助　　③ 公共の福祉

問4　高齢者や児童など、特別の配慮や保護を必要とする人たちにさまざまなサービスを提供することを（　　　　）という。

　　　① 社会保険　　② 公的扶助　　③ 社会福祉

問5　怪我や病気で病院に行くとき、安く治療を受けることができたり、医療サービスを受けられたりする制度を（　　　　）という。

　　　① 医療保険　　② 労働者災害補償保険　　③ 年金保険

問6　失業後、再就職までの生活を安定させるために一定期間保険金が給付される保険を（　　　　）という。

　　　① 医療保険　　② 雇用保険　　③ 生活保護

解答

問1：②　問2：③　問3：③　問4：③　問5：①　問6：②

問7　日本国憲法第27条に定められている権利は（　　　　）である。
　　　① 勤労権　　② 自由権　　③ 社会権

問8　労働三権として正しい組み合わせは（　　　　）である。
　　　① 勤労権・団体交渉権・団体行動権
　　　② 団結権・労働組合権・団体行動権
　　　③ 団結権・団体交渉権・団体行動権

問9　労働三権のひとつで、使用者との交渉のために労働者がデモやストライキなどを起こす権利のことを（　　　　）という。
　　　① 団結権　　② 団体行動権　　③ 団体交渉権

問10　雇用に関する男女の平等を定めた法律は（　　　　）である。
　　　① 労働組合法　　② 男女雇用機会均等法　　③ 労働関係調整法

🔍 解　答
問7：① 問8：③ 問9：② 問10：②

 Jump｜レベルアップ問題

（　　）問中（　　）問正解

■ 次の文章を読んで、問1に答えよ。

　社会保障制度とは、国が人々の生活の保障を行うという考えのもとに発展したものであり、日本国憲法では　A　にその記載を見ることができる。

　近代的な社会保障制度は、1942年にイギリスにおける　B　にはじまり、現在日本では、社会保険・公的扶助・社会福祉・公衆衛生の4つの柱から成り立っている。しかし、政府の役割の拡大は財政支出の　C　をもたらし、また高齢化による社会保険に関する支出の増加から、社会保障制度の在り方についてはこれまでも議論が続けられてきた。

問1　文章中の　A　、　B　、　C　に当てはまる語句の組み合わせとして適切なものを、次の①〜④のうちから一つ選べ。

	A	B	C
①	自由権	ビスマルク法	増加
②	自由権	ベバリッジ報告	減少
③	社会権	ビスマルク法	減少
④	社会権	ベバリッジ報告	増加

■ 次の問いを読み、問2〜5に答えよ。

問2　日本の労働とその問題について述べた文として、次の①〜④のうちから一つ選べ。

①日本の労働組合の組織率は、他国に比べて高く、その活動は活発である。

②労働者派遣法の改正により、あらゆる業務について労働者派遣を行うことが可能となった。

③男女雇用機会均等法は、募集や採用などにおける女性差別を禁止しており、1997年には努力義務が禁止規定に強化された。

④女性保護の観点から、女性の深夜労働は法律により禁止されている。

問3 さまざまな働き方について述べた文として**適切でないもの**を、次の①〜④のうちから一つ選べ。

① 裁量労働制とは、あらかじめ見込まれる残業代を受け取り、働き方を決める制度である。

② 年功序列制度とは、年齢が上がるにしたがってポジションや給与が上がる制度である。

③ フレックスタイム制とは、出勤時間や勤務時間を変形できる制度であり、コアタイムとは、そのうち必ず出勤しなければいけない時間帯を指す。

④ 高度経済成長期を支えた日本の雇用制度は、能力給である。

問4 社会保障制度について述べた文として適切なものを、次の①〜④のうちから一つ選べ。

① 公的年金は全額保険料によって成り立っており、政府の税金は財源に充てられていない。

② 労働者災害補償保険は労働時のケガ・病気に関する費用の保障を行っているため、通勤時間に起こった事故は対象外である。

③ 高齢化とそれに伴う医療費増加を受け、20歳以上の介護保険加入が義務付けられた。

④ 公的扶助とは生活困窮者に給付を行う制度で、税金が財源となっている。

問5 労働環境について述べた文として適切なものを、次の①〜④のうちから一つ選べ。

① 男女共同参画基本法の制定により、男女による給与の格差は解消された。

② 育児・介護休業法は、母親・父親ともに取得が義務付けられている。

③ 労働組合法は、労働組合員であることを理由とする解雇を不当労働行為として禁止している。

④ 労働組合法は、労働組合の活動の資金援助について、使用者に一定額の援助義務を課している。

解答・解説

問 1：④

空欄 A について、社会的弱者に対する国の積極的な救済に関する規定は、憲法における「社会権」に見ることができます。空欄 B について、近代的な社会保障制度は、1942 年にイギリスで発表された「ベバリッジ報告」にはじまります。空欄 C について、政府の役割の拡大は財政支出の「増大」をもたらします。したがって、正解は④です。

問 2：③

①について、日本の労働組合の組織率は、他国と比べて低くなっています。よって、①は誤りです。②について、労働者派遣法の改正により、日雇い労働が原則禁止とされました。よって、②は誤りです。④について、労働基準法に定められていた女性の深夜労働の禁止規定は、男女平等の観点により、同法の改正により廃止されました。よって、④は誤りです。したがって、正解は③です。

問 3：④

適切でないのは④です。高度経済成長期を支えた日本の雇用制度は、年功序列制度や終身雇用制度です。

問 4：④

①について、公的年金の財源は保険料だけでなく、一部に税金が充てられています。よって、①は誤りです。②について、労働者災害補償保険は通勤時間に起こった事故も対象となります。よって、②は誤りです。③について、介護保険の加入は 40 歳以上からとなります。よって、③は誤りです。したがって、正解は④です。

問 5：③

①について、男女による給与の格差は未だに解消されていません。よって、①は誤りです。②について、育児・介護休業法は母親・父親ともに取得の権利がありますが、義務はありません。よって、②は誤りです。④について、労働組合法は、使用者による労働組合の活動の資金援助は、労働組合の自主性を侵害するものとして禁止されています。よって、①は誤りです。したがって、正解は③です。

6. 日本経済のあゆみ

第二次世界大戦の敗戦により、日本の経済は深刻なダメージを受けました。それからどのような歴史の流れを経て、現在に至っているのでしょうか？　この単元では、おおまかな時代区分と各時代の特徴について確認していきましょう。

 Hop ｜ 重要事項

戦後～復興期（1945～1950年頃）

終戦後の日本は多くの工場や社会資本を失い、経済は大きく衰退しました。また、戦後不況とモノ不足により、ハイパーインフレ（激しい物価上昇）が起こりました。

戦後の経済政策

- ◉ 基幹産業の立て直し ……… 傾斜生産方式により、限られた資金や資材を鉄鋼や石炭などの基幹産業に注ぐ
- ◉ GHQ 指導の三大改革 …… 財閥解体・農地改革・労働組合の育成を行い、経済の民主化をめざす
- ◉ ドッジ・ライン …… 1 ドル＝360 円の単一為替レートの設定（円安により輸出拡大をめざす）
- ◉ シャウプ勧告 …… 直接税を中心とした税制をめざす

ハイパーインフレ状態は徐々に収束

朝鮮戦争

北朝鮮と韓国の戦争を機にアメリカが多くの製品を日本に依頼したことで、特需景気が発生しました。

日本経済は戦前の経済水準を回復

🔦 高度経済成長期（1955～1970年頃）

　1955年から1973年に起こった石油危機までの間、日本は平均年率10％の経済成長を続け、高度経済成長を実現させました。1960年の池田勇人内閣では「国民所得倍増計画」、1972年の田中角栄内閣では「日本列島改造論」が発表されました。

> 📖 **参　考**　**高度経済成長期の好景気**
> - 神武景気 …… 設備投資による好景気 / 耐久消費財ブーム
>   　　　　　　（三種の神器：冷蔵庫・洗濯機・白黒テレビ）
> - 岩戸景気 …… 設備投資による好景気 / 池田勇人内閣による「国民所得倍増計画」
> - オリンピック景気 …… オリンピックに向けた公共事業による好景気。このときに首都高や東海道新幹線が開通した
> - いざなぎ景気 …… 輸出中心の好景気

🔦 石油危機～バブル景気（1973年～1991年頃）

第一次石油危機～第二次石油危機

　第四次中東戦争の影響により1973年に第一次石油危機が起こり、OPEC（石油輸出国機構）が石油価格を約4倍に引き上げたことで、世界経済に大きな影響を与えました。石油危機を受けて、日本は戦後初のマイナス成長を記録し、日本は石油価格の影響が大きい重工業から家電・車・コンピュータ等へと産業構造の転換を行いました。

第一次石油危機	➡	社会の混乱	➡	産業構造の転換	➡	第二次石油危機を回避

国際経済の変動と日本への影響

　これまで世界は固定相場制（金とドルを交換できるブレトン・ウッズ体制）を採用していました。しかし、その制度を支えていたアメリカの経済状況が悪化したため、世界経済は変動相場制へと変化していきます。

> ● ニクソン・ショック（1971年）：米ニクソン大統領が、金とドルの交換を停止
> ● キングストン合意（1976年）：固定相場制から変動相場制へ
> ● プラザ合意（1985年）：ドル安にしてアメリカを救済する試み

ドル安 ＝ 円高になった影響で、日本は円高不況となる

円高不況とその対策～バブル経済

　当初想定していた円高不況は深刻化せず、企業や個人にお金が余るようになりました。結果、そのお金は投資に向かい、投資が投資を呼び土地や株の値段が実態以上に上がるバブル経済へと突入します。

円高不況対策として、公定歩合の引き下げ（銀行でお金が借りやすくなる）

不況深刻化せず、金余り ➡ 投資ブーム ➡ バブル経済へ

🔖 バブル後の日本経済（1990年代～現在）

バブル経済の崩壊

　公定歩合の引き上げと不動産融資の規制により、バブル経済は崩壊しました。企業の倒産や銀行の貸し渋りなどが発生し、長い不況に入っていきます（失われた10年）。

バブル崩壊 ➡ 銀行が不良債権を抱え、貸し渋りが発生 ➡ 多くの企業が倒産

その後、徐々に景気は上向きに……。ただし、リーマン・ショック、東日本大震災、コロナ騒動などを経て、日本経済は新たな局面を迎えています。

🏷 関 連 用 語

◉ アジア通貨危機（1997年）…… タイの通貨であるバーツの暴落により、アジア経済が深刻な不況となる

◉ リーマン・ショック（2008年）…… アメリカの投資銀行リーマン・ブラザーズの経営破綻をきっかけにした世界金融危機

◉ 東日本大震災（2011年）…… 地震と津波による影響で、深刻な被害が生じた

📖 参 考 消費税

消費税は1989年に導入され、税率は3％であった。その後、5％（1997年）、8％（2014年）と税率は上がり、2019年には10%となった

Step｜基礎問題

（　　）問中（　　）問正解

■ 各問の空欄に当てはまる語句をそれぞれ①〜③のうちから一つずつ選びなさい。

問 1　戦後の経済を立て直すために、まず産業のベースとなる分野だけ集中的に建て直し、それを基にほかの産業を興していくという方法を（　　　）という。
　　　① 国民所得倍増計画　　② 石油危機　　③ 傾斜生産方式

問 2　ドッジ・ラインにより戦後の日本は 1 ドル＝ 360 円の（　　　）となった。
　　　① 固定相場制　　② 変動相場制　　③ 自由相場制

問 3　戦後、日本の経済水準の回復のきっかけとなったのは（　　　）の特需である。
　　　① 中東戦争　　② 朝鮮戦争　　③ ベトナム戦争

問 4　戦後の国際経済はブレトン・ウッズ体制による固定相場制であり、その制度を支えていたのは（　　　）である。
　　　① アメリカ　　② イギリス　　③ ロシア

問 5　プラザ合意によって円高・ドル安となったことで、日本は（　　　）となった。
　　　① 円高不況　　② バブル景気　　③ 狂乱物価

問 6　株式や土地への投資が過熱したことにより起こったのは（　　　）である。
　　　① 神武景気　　② オリンピック景気　　③ バブル景気

問 7　バブル景気崩壊により、（　　　）が起こった。
　　　① 企業の倒産　　② 銀行融資の増加　　③ 雇用の拡大

問 8　バブル崩壊後の日本は長い不況となり、（　　　）と呼ばれている。
　　　① もはや戦後ではない　　② 失われた 10 年　　③ 独立日本の経済力

問 9　アメリカの投資銀行の経営破綻をきっかけにして起こった世界金融危機を（　　　）という。
　　　① リーマン・ショック　　② ニクソン・ショック　　③ オイル・ショック

問 10　2011 年に起きた東北の大地震により深刻な被害を被ったのは（　　　）である。
　　　① 関東大震災　　② 阪神大震災　　③ 東日本大震災

解答

問 1：③　問 2：①　問 3：②　問 4：①　問 5：①　問 6：③　問 7：①　問 8：②
問 9：①　問 10：③

（　）問中（　）問正解

■ 次の文章を読んで、問1に答えよ。

　戦後の日本経済は、連合国軍の占領のもと、戦災からの復興を旗印にスタートした。復興を図るうえで重要な政策のひとつが　A　であった。これは、石炭や鉄鋼など基礎的な資材の生産の回復を最優先し、こうした部門に資金を重点的に配分するというものであり、1946年より実施された。また、生産力の回復とともに、インフレーションをいかに克服するかも難題のひとつであった。とくに、　B　の一環として、均衡予算の編成が実施されたのはインフレ抑制が重要な政策課題であったことを表している。　B　により日本の景気はかなり悪化したものの、それが深刻な不況として長期化しなかったのは朝鮮戦争による特需に負うところが大きい。これにより、生産が拡大し、景気は好転したのである。

問1　文章中の　A　、　B　に当てはまる語句の組み合わせとして適切なものを、次の①〜④のうちから一つ選べ。

	A	B
①	拡大再生産	日本列島改造論
②	保護貿易政策	ニクソン・ショック
③	傾斜生産方式	ドッジ・ライン
④	所得倍増計画	IMF体制

■ 次の問いを読み、問2〜5に答えよ。

問2　戦後の経済について述べた文として**適切でないもの**を、次の①〜④のうちから一つ選べ。
　　① GHQによる経済の民主化に関する三大改革とは、財閥解体・農地改革・労働組合の育成である。
　　② 1ドル360円の円安レートの設定により、輸出拡大の対策が取られた。
　　③ ニクソン・ショックの影響により、変動相場制へと移行した。
　　④ 朝鮮戦争による特需により、日本経済は戦前の水準を回復した。

問 3　日本の高度経済成長期の出来事について述べた文として**適切でないもの**を、次の①〜④のうちから一つ選べ。

　　①　池田勇人内閣により、国民所得倍増計画が出された。

　　②　オリンピック景気は公共投資が盛んになり、東海道新幹線や首都高が整備された。

　　③　三種の神器と呼ばれる冷蔵庫・洗濯機・白黒テレビの普及が進んだ。

　　④　銀行業務の改善と効率化がめざされた結果、銀行の統廃合が進んだ。

問 4　バブル崩壊以後の日本経済の出来事について述べた文として適切なものを、次の①〜④のうちから一つ選べ。

　　①　電電公社が NTT に、日本国有鉄道が JR に変わった。

　　②　財政再建を目的に消費税の税率が 5 ％に引き上げられた。

　　③　経済が大きく成長する一方で、水俣病などの公害病が発生した。

　　④　中東戦争の影響により第一次石油危機が起こった。

問 5　バブル崩壊以後の日本経済の出来事について述べた文として**適切でないもの**を、次の①〜④のうちから一つ選べ。

　　①　小泉純一郎内閣により、三位一体の改革が行われ、この時期に郵政民営化が行われた。

　　②　田中角栄内閣により、日本列島改造論が発表された。

　　③　安倍晋三内閣により、金融政策・財政政策・民間投資の喚起の「三本の矢」を軸とする経済成長を目的としたアベノミクスが行われた。

　　④　橋本龍太郎内閣により、消費税が 5 ％となり、その後の安倍晋三内閣時に 8 ％に引き上げられた。

🔑 解答・解説

問1：③

　空欄Aについて、戦後経済の復興政策としてとられたのは「傾斜生産方式」です。空欄Bについて、GHQ顧問ドッジが、経済安定九原則を実施するため日本経済の自立安定策を立てたのが「ドッジ・ライン」です。したがって、正解は③です。

問2：③

　適切でないのは③です。ニクソン・ショックは、高度経済成長の終わり頃である1971年の出来事です。

問3：④

　適切でないのは④です。④はバブル経済後の内容となります。

問4：②

　バブル経済崩壊後の不景気のなか、1997年に財政再建のため消費税が3％から5％に引き上げられました。したがって、正解は②です。なお、NTTは1985年、JRは1987年に発足しました。水俣病をはじめとする公害問題に対処するために公害対策基本法が制定されたのは1967年、第一次石油危機は1973年の出来事です。

問5：②

　適切でないのは②です。日本列島改造論が発表されたのは1972年で、高度経済成長の終わり頃となります。

第4章
現代の世界と人類の課題

1. 国際政治と国際連合

世界にはさまざまな国が存在します。それらの国の範囲や、国と国との対立の調整、世界平和を保つための仕組みについて学んでいきましょう。国際連合に関する分野は試験対策上、とくに重要となります。

Hop ｜重要事項

主権国家

　国際社会は主権国家を基本的な単位として成立しています。国家とは、一定の領域と国民からなり、国家のあり方を最終的に決定する最高・独立・絶対の権力である主権を保持しています。

> ◉ 国家の三要素 …… 主権・領域・国民 ➡ 国家の領域には領土・領空・領海がある

《 領土・領空・領海 》

領空
（大気圏内）

排他的経済水域

（200 海里）

公海

領海（日本では 12 海里）

領土

海

陸地

大陸棚

日本は海に囲まれているから、排他的経済水域が広いんですよ！

※ 排他的経済水域・大陸棚は、沿岸国に漁業・鉱物資源などの権利が認められています。

参考 主権国家誕生の歴史

17 世紀にドイツの宗教戦争にヨーロッパ諸国が干渉したことで三十年戦争が起こり、講和条約であるウェストファリア条約が結ばれた結果、ヨーロッパに約 300 の主権国家が誕生した。

💡 国際法

　グロティウスは、三十年戦争の惨禍をみて、独立した主権国家の間で守られるルール（国際法）の必要性を説きました。彼は『**戦争と平和の法**』を著し、「**国際法の父**」と呼ばれています。

> ◉ 国際法 ＝ 条約 ＋ 国際慣習法
> * 文書など明示的な合意によるもの …… 条約
> * 国際慣行として暗黙の了解によるもの …… 国際慣習法

💡 国際紛争を避ける仕組み

　国家間の戦争を回避するために、これまでさまざまな対策が講じられてきました。古くは**勢力均衡方式**がとられていましたが、多くの欠陥がありました。そこでこの欠陥を乗り越えようと現在とられているのが、**集団安全保障方式**です。

勢力均衡方式

対立する国家間の勢力を均衡させ、戦争を防ぐ方式。
同盟を形成して勢力の均衡をはかる。
➡ 均衡が崩れると、戦争が起こるおそれがある。

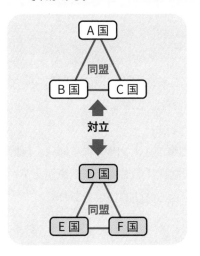

集団安全保障方式

複数の国家が国際平和組織に参加し、もしある国が他国を侵略した場合は、集団制裁を課す仕組み。

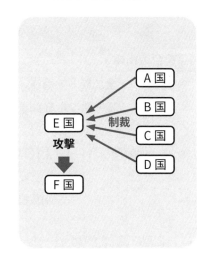

💡 国際連盟

　第一次世界大戦後、平和原則14カ条を唱えたアメリカ大統領**ウィルソン**の提唱により、集団安全保障方式にもとづく初の国際平和組織「**国際連盟**」が発足しました（1920年）。しかし、大国の不参加や制裁措置の不十分さにより、十分な機能を果たすことができず、第二次世界大戦が起こってしまいました。

🔔 国際連合

　第二次世界大戦後、国際連盟の失敗を教訓に国際連合が発足しました。日本は 1956 年に加盟し、現在の加盟国は 193 か国となっています（2023 年現在）。加盟国は結束し、互いに武力攻撃を禁止。違反した場合は国連による制裁措置がとられます（経済制裁・軍事的制裁）。

1945年：国際連合憲章に 51 か国が署名　➡　国際連合の成立

≪ 国際連盟・国際連合の比較 ≫

項目	国際連盟（1920年）	国際連合（1945年）
本部	ジュネーブ（スイス）	ニューヨーク（アメリカ）
加盟国	アメリカ不参加、ソ連の加盟遅延、日本・ドイツ・イタリアの脱退	5 大国が初めから加盟
表決	全会一致主義	多数決、安保理における五大国一致主義（拒否権あり）
制裁措置	金融・通商などの経済制裁	軍事的・非軍事的強制措置、裁判 ➡ 国連軍による軍事的制裁を明記

国際連合の構成

- ◎ 総会 …… 全加盟国で構成。各国が 1 票の投票権をもち、国連の機能全般について討議・勧告する。国連内部の問題以外は勧告権限しかない。

- ◎ 安全保障理事会 …… 常任理事国 5 か国と非常任理事国 10 か国により構成。国際平和と安全の維持に関して主要な責任をもつ。国連憲章第 7 章の制裁措置を決定することができる（法的拘束力あり）。

　　　　　　　　　　　　　⬇

- 常任理事国（5 か国）…… 拒否権をもつ（大国一致の原則）。
  ※ アメリカ・イギリス・ロシア・フランス・中国の 5 か国で構成
- 非常任理事国（10 か国）…… 任期は 2 年で交代する。

※安全保障理事会が拒否権の応酬で機能しない場合、国連総会は「平和のための結集」決議を開くことができ、総会が多数決に従い平和維持のための措置をとることが可能になった。

- ◎ 事務局 …… 国連機関が決定した計画や政策を実施する。最高責任者は事務総長。

◉ 国連平和維持活動（PKO）…… 紛争において、停戦などを確保するため国連平和維持軍（PKF）を必要に応じて派遣。非武装の「軍事監視団」もある。　※関係国の同意が必要・中立性を保つ・自衛を超える武力を行使しない。

◉ 国際司法裁判所 …… 国家間の紛争処理をする。国際司法裁判所への提訴は主権国家相互の同意が必要。2003 年に国家が個人を訴追する国際刑事裁判所が設置された。

◉ 経済社会理事会 …… 国連に関連する多くの専門機関・関連機関との調整を行う。

《 主な機関 》

IAEA（国際原子力機関）	原子力科学と技術を平和目的に利用できるようにするための対策を行う
IBRD（国際復興開発銀行）	発展途上国の発展や戦災国の復興のために、長期融資を行う
ILO（国際労働機関）	労働者の労働条件や生活水準の改善が目的
IMF（国際通貨基金）	世界貿易の拡大と、赤字国への短期融資を行う
UNCTAD（国連貿易開発会議）	貿易と開発について総会で交渉するための機関
UNEP（国連環境計画）	環境問題に対する条約立案を行う
UNESCO（国連教育科学文化機関）	教育・科学・文化を通じ平和に貢献することが目的
WTO（世界貿易機関）	多角的な貿易の推進と紛争処理が目的
WHO（世界保健機関）	医療面での国際的援助が目的 ➡ 伝染病の撲滅

戦後の国際社会の動向　冷戦（れいせん）

　第二次世界大戦後、アメリカ中心の資本主義陣営（西側諸国）と、ソ連中心の社会主義陣営（東側諸国）の対立が起こりました。この 1945 ～ 1989 年まで続いた対立構造を冷戦といいます。この間、米ソともに核保有国となり、米ソ間の軍拡競争が続きました。

《東西2大陣営の対立》

項目	アメリカ(西側諸国)	ソ連(東側諸国)
政治	トルーマン・ドクトリン	コミンフォルム
経済	マーシャル・プラン ※西欧に援助	経済相互援助会議（COMECON） ※東欧に援助
軍事同盟	北大西洋条約機構（NATO）	ワルシャワ条約機構（WTO）

冷戦のはじまり

1945 年：ヤルタ会談 …… 第二次世界大戦の戦後処理をめぐる米英ソによる首脳会談。
　　　　　　　　　　　　この頃から米ソの対立が始まる（米：ローズベルト　英：
　　　　　　　　　　　　チャーチル　ソ：スターリンが参加）

1948 年：ベルリン封鎖事件 …… ソ連がドイツの首都ベルリンを交通封鎖

1961 年：ベルリンの壁構築　※冷戦の象徴

◉ 代理戦争（各地で米ソの代理戦争が起こる）

　　1950 年：朝鮮戦争 …… 韓国側をアメリカが、北朝鮮側をソ連が支持し、戦争に

　　1965 年：ベトナム戦争 …… ベトナム統一に関してアメリカ・ソ連が干渉し、戦争に

冷戦状況の緩和

1962 年：キューバ危機 …… 核戦争突入の危機を回避し、米ソ間に直通電話（ホット
　　　　　　　　　　　　ライン）が敷かれた

アメリカとの関係が深いキューバにソ連がミサイル基地を建設

▼

アメリカはソ連に核兵器の撤去を要求

▼

両国の交渉の結果、ソ連は核兵器撤去（米：ケネディ　ソ：フルシチョフ）

▼

両国の平和共存、緊張緩和（デタント）をめざす

冷戦終結

　1985 年にソ連で政権を握ったゴルバチョフ書記長は「新思考外交」を行い、ついに
1989 年にマルタ会談で冷戦の終結が宣言されました。

1989 年：ベルリンの壁崩壊

1989 年：マルタ会談 …… アメリカ・ソ連両首脳が冷戦の終結を宣言
　　　　　　　　　　　　（米：ブッシュ　ソ：ゴルバチョフが参加）

1991 年：ソ連崩壊
　　　　旧ソ連の東欧諸国に民主化の波

Step | 基礎問題

■ 各問の空欄に当てはまる語句をそれぞれ①〜③のうちから一つずつ選びなさい。

問1 『戦争と平和の法』によって国際法の必要性を説いた人物は（　　　　）である。
① グロティウス　　② ウィルソン　　③ スターリン

問2 国際社会における国家間の紛争を平和的に解決するために設けられた司法機関は（　　　　）である。
① 国際司法裁判所　　② 最高裁判所　　③ 弾劾裁判所

問3 国際連合が発足したのは（　　　　）後である。
① 三十年戦争　　② 第一次世界大戦　　③ 第二次世界大戦

問4 国際連合を構成する機関のうち、平和や安全の問題についての決定権をもっているのは（　　　　）である。
① 安全保障理事会　　② 総会　　③ 経済社会理事会

問5 安全保障理事会の常任理事国に該当しない国は（　　　　）である。
① アメリカ　　② 日本　　③ 中国

問6 安全保障理事会の常任理事国だけがもっている権利を（　　　　）という。
① 主権　　② 拒否権　　③ 総会での投票権

問7 UNESCO や WHO などの専門機関と国連を調整しているのは（　　　　）である。
① 国連総会　　② 経済社会理事会　　③ 安全保障理事会

問8 国際連合の専門機関のうち、医療面での援助を担当するのは（　　　　）である。
① UNESCO　　② WHO　　③ WTO

問9 世界の平和を維持するために、国際連合が平和維持軍を派遣するなどの活動は（　　　　）である。
① PKO　　② WHO　　③ WTO

問10 1989 年に行われた（　　　　）で冷戦の終結が宣言された。
① マルタ会談　　② ヤルタ会談　　③ ミュンヘン会談

解答

問1：①　問2：①　問3：③　問4：①　問5：②　問6：②　問7：②　問8：②
問9：①　問10：①

（　）問中（　）問正解

■ 次の会話文を読んで、問1・問2に答えよ。

雄喜：今日、歴史の本を読んだのですが、どの時代も戦争が多いように感じました。

先生：三国志の本ですか？　たしかにどの国も時代も、戦争に関する記述は見られますよね。ただ、これまでの歴史のなかで、人々は戦争をなくすための取り組みをしてきたことも事実ですね。

雄喜：はい。第一次世界大戦前の同盟のにらみ合いによる戦争防止から、第一次世界大戦後は　A　による戦争防止という方法が考えられましたよね。

先生：よく覚えていましたね。この考えに基づいてつくられたのが、国際連盟や国際連合でしたね。今では考えられないかもしれませんが、国際法について整備されていった歴史は浅いのですよ。オランダの　B　は、17世紀に三十年戦争の惨禍を見て、国際法が必要であると説いた「国際法の父」と呼ばれる人物です。国内に法があるように、国と国との利害を調整する法の整備はとても大切なことですね。

問1　会話文中の　A　、B　に当てはまる語句の組み合わせとして適切なものを、次の①〜④のうちから一つ選べ。

	A	B
①	勢力均衡方式	カント
②	集団安全保障方式	カント
③	勢力均衡方式	グロティウス
④	集団安全保障方式	グロティウス

問2　国際連合について述べた文として適切なものを、次の①〜④のうちから一つ選べ。

① 国際連合の総会では一国一票の原則により、全会一致で表決される。

② 安全保障理事会は常任理事国5か国と、非常任理事国10か国からなり、実質事項についてはこれらの15か国は拒否権を持つ。

③ 安全保障理事会が拒否権の応酬で機能しない場合、総会の決議で強制措置勧告が可能である。

④ 日本は、安全保障理事会の常任理事国である。

■ 次の問いを読み、問3〜5に答えよ。

問3　国際連合の機関と役割について述べた文として**適切でないもの**を、次の①〜④のうちから一つ選べ。

① 国際司法裁判所は国家間の紛争処理を行う機関であり、裁判を行うためには双方の国家の同意を必要とする。

② WHO は、世界に住む人々の健康維持や国際援助を目的としており、伝染病の撲滅にも力を入れている。

③ UNESCO はすべての人々が栄養ある安全な食べ物を手に入れ、健康的な生活を送ることをめざしており、農村開発を促進している。

④ ILO は、世界の労働条件の改善をめざす機関であり、国際連盟時から存在する。

問4　冷戦について述べた文として**適切でないもの**を、次の①〜④のうちから一つ選べ。

① 冷戦は、アメリカを代表する資本主義陣営とソ連を代表する社会主義陣営のにらみ合いであり、その間に朝鮮戦争やベトナム戦争などの代理戦争が起こった。

② 冷戦終結時のソ連の書記長は、ゴルバチョフ書記長である。

③ ベルリンの壁とはドイツの首都ベルリンに築かれた壁であり、これより西に資本主義国、東に社会主義国が多いことから冷戦の象徴とされた。

④ 1989 年のヤルタ会談で、アメリカ・ソ連両首脳により冷戦終結が宣言された。

問5　冷戦の間、国際連合のシステムは必ずしも有効に機能しなかった。その原因について述べた文として適切なものを、次の①〜④のうちから一つ選べ。

① すべての紛争で国連軍が組織されて解決に当たってきたが、参加する国が少なく、あまり効果はなかった。

② 国連総会は全会一致でなければ平和維持のための措置を勧告できないため、有効なはたらきができなかった。

③ 冷戦期の紛争においては大国の利害が相反し、安全保障理事会での意見の一致が得られないことがしばしばあった。

④ 第二次世界大戦後、一貫して国連加盟国の数は減少する傾向にあったため、国連の力も弱体化していった。

解答・解説

問1：④

　空欄Aについて、第一次世界大戦前は、「勢力均衡方式」という、同盟のにらみ合いによる戦争防止策がとられていました。同盟による均衡は、力の差が偏ると戦争に突入してしまう欠点をもつため、第一次世界大戦後は「集団安全保障方式」による戦争防止が考えられました。空欄Bには、国際法の父である「グロティウス」が当てはまります。したがって、正解は④です。なお、「カント」は18世紀に『永久平和のために』を著し、集団安全保障という仕組みの必要性にふれた人物です。

問2：③

　①について、国際連合の総会の表決は多数決です。よって、①は誤りです。②について、拒否権をもつのは常任理事国5か国のみです。よって、②は誤りです。④について、日本は安全保障理事会の常任理事国ではありません。常任理事国は、アメリカ・イギリス・ロシア・フランス・中国です。したがって、正解は③です。

問3：③

　適切ではないのは③です。UNESCO（国連教育科学文化機関）は、教育・科学・文化を通じて世界の平和に貢献することを目的としています。なお、すべての人々が栄養ある安全な食べ物を手に入れ、健康的な生活を送ることをめざしている機関はFAO（国連食糧農業機関）です。

問4：④

　適切でないのは④です。冷戦の終結は、1989年のマルタ会談で宣言されました。

問5：③

　①について、国連軍はこれまで一度も組織されたことはありません。PKO（国連平和維持活動）に従事する軍隊はPKF（国連平和維持軍）です。よって、①は誤りです。②について、国連総会は全会一致ではなく過半数での表決となります。ただし、重要事項は3分の2以上の多数決で行われます。よって、②は誤りです。④について、国連は51の加盟国で発足し、加盟国数は大幅に増加しています。よって、④は誤りです。したがって、正解は③です。

2. 新たな対立と紛争

戦後の国際関係の対立は現代史に近い内容で、直接試験で問われる頻度は高くありません。赤字の用語を中心に目を通すようにしておきましょう。

🔔 非同盟諸国 (第三世界) の台頭

1950年代以降、アジア・アフリカ諸国を中心に東西両陣営のどちらにも属さない中立的な立場をとる非同盟主義が唱えられました。これらの国々は第三世界と呼ばれます。

非同盟諸国の登場

1954年：周恩来（中国）・ネルー（インド）両首相が平和五原則を発表

1955年：第1回アジア・アフリカ会議（バンドン）

➡ アジア・アフリカの29か国が参加。平和十原則を採択

1960年：「アフリカの年」（1960年に多くの国が独立）

1961年：第1回非同盟諸国首脳会議

➡ ネルー首相（インド）・ティトー大統領（ユーゴスラヴィア）・スカルノ大統領（インドネシア）が中心となって展開

非同盟諸国の国連加盟

国連総会ではどの国も平等な投票権があります。非同盟諸国の国連参加により、多数決の際に大きな影響力をもつようになりました。1974年の国連資源特別総会で採択された「新国際経済秩序」（NIEO）では、先進国中心の国際経済体制を批判しました。

第二次世界大戦後に多くの国は独立しましたが、一方で地域内の紛争も起こりました。次のページで概要を確認しておきましょう。

これまでの地域紛争

イスラエル・パレスチナ問題

　パレスチナ地域の居住に関する、ユダヤ人とアラブ人との対立問題です。ユダヤ人はパレスチナにイスラエルを建国しましたが、そこにはすでにアラブ人が住んでいました。

1948 年：ユダヤ人がパレスチナにイスラエルを建国

　　　　　➡ 中東戦争（4 回）。いずれもイスラエルの勝利

　　　　　➡ アラブ人は難民化 ➡ PLO（パレスチナ解放機構）結成

1993 年：パレスチナ暫定自治協定調印

　　　　　➡ PLO のアラファト議長死去の後、対立激化

2002 年：イスラエルがパレスチナの境界地域に分離壁を建設開始

関 連 用 語

● PLO（パレスチナ解放機構）…… イスラエル支配下にあるパレスチナを解放することを目的としたアラブ人による諸機構の統合機関

ベトナム戦争

　ジュネーブ協定（1954 年）によって南北に分割されたベトナムに、アメリカとソ連が介入したことでベトナム戦争が起こりました。

1954 年　：ベトナムが南北に分割

1960 年頃：アメリカ … 南ベトナムを支持　ソ連 … 北ベトナムを支持

　　　　　➡ ベトナム戦争のはじまり

世界中で反対運動

1973 年　：ベトナム和平協定 ➡ アメリカ軍の撤退

1976 年　：北ベトナムによりベトナム統一

🔍 民族紛争

　民族とは言語・宗教・習慣や伝統・価値観などの文化的特徴によって分類されます。民族問題とは文化の違いによる深刻な対立・摩擦であり、コソボ紛争、ダルフール紛争などが挙げられます。

📖 参 考　世界の民族紛争

◉ **チェチェン紛争**

チェチェン人（ムスリム）がロシアからの独立を希望したことで起こった民族紛争。一度は和平協定が結ばれたものの、その後もテロが頻発している

◉ **コソボ紛争**

セルビアの自治州であったコソボが独立を求め、セルビアが反発。1998年、セルビア軍の武力介入で内戦となった。1999年にNATO軍のセルビア空爆が行われ、同年に和平が成立。2008年にコソボ独立宣言が出された

◉ **カシミール紛争**

カシミール地方はインドとパキスタンの北部にあり、パキスタンとインドが分離・独立した際に宗教問題でインド・パキスタン戦争が起こった。現在は停戦ラインで分かれ、両国政府の支配下にある

◉ **ダルフール紛争**

スーダン西部で非アラブ系とアラブ系の対立が激化し、内戦が起こったことで、大量虐殺と多数の難民が発生した

◉ **クルド民族問題**

クルド人は推定人口2000〜3000万人ともいわれ、イラクやトルコ、イランが独立した際にクルド人が住む地域が分断され、それぞれの国で少数派となった。近年、クルド人は各地で分離・独立・自治獲得をめざして闘争している

🔍 テロ

　テロとは、暴力手段を使ったり、それによって威嚇したりして、特定の政治目的や主張を実現しようとする行為です。アメリカ同時多発テロ（2001年9月11日）では4機の航空機がハイジャックされ、世界貿易センタービルなどに自爆攻撃が行われ、多くの被害が出ました。

関 連 用 語

◉ 国際テロ組織 …… テロ対象が1国にとどまらず活動拠点も複数の国・地域に広がっているテロ組織

◉ アル・カーイダ …… ウサマ・ビン・ラディンが創設したイスラム過激派のテロ組織

難民問題とその対策

　紛争が起こると多くの難民が生まれます。難民とは「人種、宗教、国籍、政治的意見または特定の社会集団に属するなどの理由で、自国にいると迫害を受けるかあるいは迫害を受ける恐れがあるために他国に逃れた人々」のことです。近年、難民数は増加の一途をたどっていますが、その受け入れをめぐって、さまざまな問題も生まれています。

関連用語

- ◉ 国連難民高等弁務官事務所（UNHCR）…… 難民問題の解決を担う国連機関
- ◉ 難民の地位に関する条約 …… 難民の人権保障と難民の法的地位を定義
- ◉ ノン・ルフールマンの原則…… 迫害のおそれのある国や地域に難民の強制送還をしてはならないという原則

紛争解決に向けた平和維持活動

　紛争の解決に向けた取り組みは国際連合に限らず、NGO や NPO などさまざまな機関が行っています。

- ◉ 国連平和維持活動（PKO）…… 国連安全保障理事会（または総会）の決議に基づき、紛争の拡大防止や停戦監視などを行う活動
- ◉ NGO（非政府組織）…… 政府や国際機関から離れた立場で、国境を越えて活動する団体（国境なき医師団やアムネスティ・インターナショナルなど）
- ◉ NPO（民間非営利組織）…… 営利を目的とせず、福祉・環境・教育などの分野で活動する組織。一般的に、国内を中心に活動するものを指す

日本では1991年に起こった湾岸戦争をきっかけにPKO協力法が成立し、PKOに参加するようになりました。2015年の法改正により駆け付け警護や最小限の武器の使用もできるようになっています。

Step | 基礎問題

（　　）問中（　　）問正解

■ 各問の空欄に当てはまる語句をそれぞれ①〜③のうちから一つずつ選びなさい。

問1　1954年、（　　　　　）の2人の首相が会談して、平和五原則が発表された。
　　　　　① 中国の周恩来とインドのネルー
　　　　　② 中国の袁世凱とインドのネルー
　　　　　③ 中国の周恩来とインドネシアのスカルノ

問2　1955年、前年に発表された宣言を受けて採択されたのは（　　　　）である。
　　　　　① 平和十原則　　② 平和五原則　　③ 新国際経済秩序

問3　非同盟主義運動の盛り上がりによって、1961年に開催されたのは（　　　　）
　　　　である。
　　　　　① 第1回アジア・アフリカ会議　　② 国連特別総会
　　　　　③ 第1回非同盟主義国首脳会議

問4　パレスチナ問題とは、（　　　　）の間で起こっている地域紛争である。
　　　　　① ユダヤ人とアラブ人　　② 黒人とアングロ・サクソン
　　　　　③ アラブ人とヒスパニック

問5　イスラエルの建国後、パレスチナ地方をめぐり繰り返された戦争を（　　　　）
　　　　という。
　　　　　① 湾岸戦争　　② 中東戦争　　③ インドシナ戦争

問6　中東戦争で勝利を重ねたイスラエルは次々に領土を拡大していき、それにとも
　　　　なってアラブ側の難民は増加した。彼らは（　　　　）という組織をつくって
　　　　イスラエルに対抗した。
　　　　　① PKO　　② WHO　　③ PLO

🔍 **解　答**

問1：①　問2：①　問3：③　問4：①　問5：②　問6：③

問 7　難民問題の解決を担う国連機関は（　　　　）である。

　　　　① UNHCR　　② UNCTAD　　③ WHO

問 8　ベトナム戦争について、1973 年についに（　　　　）が結ばれてアメリカ軍はベトナムから撤退した。

　　　　① ジュネーブ協定　　② ベトナム和平協定　　③ 平和五原則

問 9　日本では 1991 年に起こった（　　　　）をきっかけに PKO 協力法が成立し、PKO に参加するようになった。

　　　　① 湾岸戦争　　② イラク戦争　　③ 中東戦争

問 10　2003 年にスーダン西部で起こった内戦をきっかけに激化した民族紛争は（　　　　）である。

　　　　① ダルフール紛争　　② コソボ紛争　　③ カシミール紛争

🔍解　答

問 7：①　問 8：②　問 9：①　問 10：①

Jump｜レベルアップ問題

（　　）問中（　　）問正解

■ 次の文章を読んで、問1・問2に答えよ。

　1945年から1989年までの間、世界は冷戦の緊張状態のなかにあった。そのようななか、1950年代以降に独立したアジアやアフリカなどの国々は、米ソ両陣営のどちらにも加わらないとする非同盟主義を唱え、徐々に影響力を強めていった。1955年には　A　が行われ、平和十原則を採択し、国際平和を訴えた。その後も非同盟諸国会議は数年ごとに開かれ、世界のさまざまな問題を課題として提起している。

　独立を果たしたこれらのアジア・アフリカの国々は、国際連合での影響も大きくなりつつある。1974年の国連資源特別総会で採択された　B　では、先進国中心の国際経済体制を批判し、資源保有国による管理の自由や、一次産品の価格保障などを主張するに至った。

問1　文章中の　A　、　B　に当てはまる語句の組み合わせとして適切なものを、次の①～④のうちから一つ選べ。

A	B
① 第一回アジア・アフリカ会議	新国際経済秩序（NIEO）
② 第一回アジア・アフリカ会議	平和のための結集決議
③ 第一回非同盟諸国首脳会議	新国際経済秩序（NIEO）
④ 第一回非同盟諸国首脳会議	平和のための結集決議

問2　非同盟主義運動の中心となった人物の組み合わせとして適切なものを、次の①～④のうちから一つ選べ。
　　　① イラクのフセイン大統領、インドネシアのスカルノ大統領、ユーゴスラビアのティトー大統領
　　　② インドのネルー首相、インドネシアのスカルノ大統領、ロシアのエリツィン大統領
　　　③ インドのネルー首相、インドネシアのスカルノ大統領、ユーゴスラビアのティトー大統領
　　　④ インドのネルー首相、イラクのフセイン大統領、ユーゴスラビアのティトー大統領

■ 次の問いを読み、問３〜５に答えよ。

問３　紛争について述べた文として**適切でないもの**を、次の①〜④のうちから一つ選べ。

　　　① チェチェン人はイスラム教を信じるムスリムであり、ロシアからの独立を求めている。

　　　② コソボ紛争はバルカン半島にあるセルビアの自治州コソボがセルビアからの独立を求めたことによって発生し、紛争中には、NATO 軍によるセルビア空爆が行われた。

　　　③ パレスチナ地域をめぐるイスラエル人とアラブ人の対立のなか、アラブ人によってパレスチナの境界地域に分離壁が建設された。

　　　④ 2010 年末から広がった「アラブの春」の民主化運動の影響により、シリアの反政府運動の高まりから、シリア内戦が起こった。

問４　紛争と難民について述べた文として**適切でないもの**を、次の①〜④のうちから一つ選べ。

　　　① 迫害にさらされるおそれのある国に難民を追放や送還することを禁止する原則をノン・ルフールマンの原則という。

　　　② 難民とは、政治的迫害・戦争・紛争などにより国外に逃れた者である。

　　　③ 国際連合により、難民保護を目的とした UNHCER（国連難民高等弁務官事務所）が設立された。

　　　④ 難民の多くはヨーロッパ諸国による受け入れが主であるため、日本においては難民の受け入れに関する制度の整備はされていない。

問５　2000 年代に入ってからの国際問題について述べた文として**適切でないもの**を、次の①〜④のうちから一つ選べ。

　　　① 2001 年に起こったアメリカ同時多発テロの首謀者とされるテロ組織アル・カーイダのウサマ・ビン・ラディンをアフガニスタンがかくまったとして、アフガニスタン紛争が起こった。

　　　② 2014 年、ウクライナ南部のクリミア自治共和国で行われた住民投票により、ロシアはクリミアの編入を宣言し、後に国連総会によって認められた。

　　　③ 2011 年のチュニジアでの政変から始まった「アラブの春」により、アラブ世界に民主化運動が広まった。

　　　④ テロ発生による厳しい国際情勢を受け、日本は 2001 年にテロ対策特別措置法を制定した。

解答・解説

問1：①

　空欄Aについて、1955年に開かれた非同盟主義による会議は「第一回アジア・アフリカ会議」です。空欄Bについて、1974年の国連資源特別総会で採択されたのは、「新国際経済秩序（NIEO）」です。したがって、正解は①です。なお、「第一回非同盟諸国首脳会議」は1961年に開かれた会議です。「平和のための結集決議」は、国際連合の安全保障理事会が機能しない場合、国連総会の表決で平和のための措置をとることができるものです。

問2：③

　非同盟主義運動の中心となったのは、インドのネルー首相・インドネシアのスカルノ大統領・ユーゴスラヴィアのティトー大統領です。したがって、正解は③です。

問3：③

　適切でないのは③です。分離壁を築いたのはイスラエルです。

問4：④

　適切でないのは④です。日本の難民受入数はヨーロッパ諸国と比較して少ないですが、1981年に難民の地位に関する条約を結び、「出入国管理及び難民認定法」によって難民の認定制度を整えました。

問5：②

　適切でないのは②です。ウクライナの住民投票はロシアの制圧下で行われたとして、国連総会はこの投票を無効としました。

3. 核兵器の削減と軍縮

冷戦時、米ソは軍拡競争を行うことで相手国からの攻撃を抑止してきました。一方、世界では核兵器の廃絶・軍縮への取り組みや活動も見られます。赤字を中心に内容を確認していきましょう。

Hop｜重要事項

 核兵器をめぐる問題

　第二次世界大戦時、アメリカが広島と長崎に原爆を投下しました。その後の冷戦ではアメリカとソ連による軍拡競争が行われていきます。

➡ その後、フランスや中国なども核兵器を保有し、核兵器が世界中に拡散しました。

核保有国

- ◉ 核拡散防止条約（NPT）によって核保有国とされた国
  - ➡ アメリカ・イギリス・ロシア・フランス・中国
- ◉ NPT 未加盟の国
  - ➡ インド・パキスタン・北朝鮮・イスラエルなど
    - ※ NPT に加盟する非核保有国は、核兵器の保有を禁じられ、国際原子力機関 (IAEA) の査察を受ける義務を負う

人々の平和運動

　1950 年：平和擁護世界大会 …… ストックホルム・アピール

　　　　　　　　　　　　　➡ 核兵器の絶対禁止を求める

　1954 年：アメリカのビキニにおける水爆実験により、第五福竜丸の乗組員が被爆

　　　　　➡ 日本で原水爆禁止運動が展開 ➡ 1955 年：原水爆禁止世界大会

　1957 年：パグウォッシュ会議 …… 科学の立場から軍縮を考える

　　　　　　　　　　　※ラッセル・アインシュタイン宣言を受けてスタート

核兵器の規制や軍縮に向けて

《 世界での取り組み 》

1963年	部分的核実験禁止条約（PTBT）	地下実験以外の核実験を禁止
1968年	核拡散防止条約（NPT）	核兵器非保有国が今後核兵器を保有することを禁止
1996年	包括的核実験禁止条約（CTBT）採択	核実験の全面的禁止 ※一部の発効要件国の批准の見通しがたっておらず、未発効
2021年	核兵器禁止条約	核兵器の保有・使用を法的に禁止　※核保有国と日本は不参加

《 アメリカ・ロシア(ソ連)間での取り組み 》

1972年	第一次戦略兵器制限条約（SALT I）	戦略兵器の保有数を制限
1979年	第二次戦略兵器制限条約（SALT II）	同上（未批准）
1987年	中距離核戦力（INF）全廃条約	中距離ミサイルの全廃条約
1991年	第一次戦略兵器削減条約（START I）	核弾頭数の削減
1993年	第二次戦略兵器削減条約（START II）	核弾頭数のさらなる削減(未発効)
2009年	「核なき世界」演説	アメリカのオバマ大統領による演説。同年にノーベル平和賞受賞
2011年	新戦略兵器削減条約（新START）	さらなる核軍縮

🖋 その他の兵器と軍縮

◉ 1997 年：対人地雷全面禁止条約 …… 「地雷禁止国際キャンペーン」（NGO ネットワーク）の努力で成立。未批准の国も多い　※米・中・印・露など

◉ 2008 年：クラスター爆弾禁止条約

🏷 関 連 用 語

◉ 対人地雷 …… 地中や地上に設置され接触によって爆発する兵器。戦闘員・非戦闘員を問わず無差別に殺傷し、地雷敷設地域では子どもの被害も多くなっている

◉ 生物兵器 …… 細菌やウイルスなどを兵器として使用するもの

◉ 化学兵器 …… 毒ガスなどのことで、地下鉄サリン事件のサリンがこれにあたる
※生物兵器や化学兵器は禁止条約により開発・生産・保有が禁止されている

185

Step│基礎問題

（　　）問中（　　）問正解

■ 各問の空欄に当てはまる語句をそれぞれ①〜③のうちから一つずつ選びなさい。

問1　世界平和をめざして、1950年に世界中の科学者が集まって（　　　　　）が開かれ、ストックホルム・アピールが出された。
　　　　① パグウォッシュ会議　　② 原水爆禁止世界大会
　　　　③ 平和擁護世界大会

問2　部分的核実験禁止条約の略称は（　　　　　）である。
　　　　① NPT　　② CTBT　　③ PTBT

問3　1968年には核兵器の非保有国が新たに核兵器を保有することを禁止した
　　　（　　　　　）が結ばれた。
　　　　① 核兵器禁止条約　　② 部分的核実験禁止条約　　③ 核拡散防止条約

問4　核拡散防止条約の略称は（　　　　　）である。
　　　　① NPT　　② CTBT　　③ PTBT

問5　第五福竜丸の乗組員が水爆実験で被爆したことにより、（　　　　　）が開かれた。
　　　　① パグウォッシュ会議　　② 原水爆禁止世界大会　　③ 平和擁護世界大会

問6　戦略兵器制限条約の略称は（　　　　　）である。
　　　　① START　　② PTBT　　③ SALT

問7　戦略兵器削減条約の略称は（　　　　　）である。
　　　　① START　　② PTBT　　③ SALT

問8　軍縮への取り組みを行う機関として、国連のほかに（　　　　　）が挙げられる。
　　　　① PKO　　② NGO　　③ INF

問9　軍縮へ向かうアメリカとソ連間で1987年に結ばれた条約は（　　　　　）である。
　　　　① 包括的核実験禁止条約（CTBT）　　② 核兵器禁止条約
　　　　③ 中距離核戦力（INF）全廃条約

問10　大量破壊兵器と呼ばれる兵器に該当しないものは（　　　　　）である。
　　　　① 対人地雷　　② 核兵器　　③ 化学兵器

🔍 **解　答**

問1：③　問2：③　問3：③　問4：①　問5：②　問6：③　問7：①　問8：②
問9：③　問10：①

Jump｜レベルアップ問題

■ 次の文章を読んで、問1に答えよ。

　科学技術の発達により、私たちはさまざまな恩恵を与えられている。一方で、その科学技術を利用した兵器も登場し、第二次世界大戦では広島と長崎に原子力爆弾が投下されるに至った。その後も米ソは兵器の研究を続け、水素爆弾の開発にも成功した。

　それに対し、核兵器の使用に対する人々の平和活動も注目される。1954年に、日本のマグロ漁船である第五福竜丸がアメリカの水素爆弾の実験で被爆したことにより、1955年には広島で　A　が開催された。1957年に開催された科学者たちの核兵器廃絶を求める国際会議である　B　は、その後回数を重ね、1995年にノーベル平和賞を受賞するに至った。

問1　文章中の　A　、　B　に当てはまる語句の組み合わせとして適切なものを、次の①～④のうちから一つ選べ。

	A	B
①	原水爆禁止世界大会	オタワ・プロセス
②	原水爆禁止世界大会	パグウォッシュ会議
③	国連軍縮特別総会	オタワ・プロセス
④	国連軍縮特別総会	パグウォッシュ会議

■ 次の問いを読み、問2～5に答えよ。

問2　核兵器と軍縮について述べた文として適切なものを、次の①～④のうちから一つ選べ。
　　①　核拡散防止条約（NPT）は、新たに核兵器を保有する際に結ばれる条約である。
　　②　部分的核実験禁止条約（PTBT）により、核実験は全面的に禁止された。
　　③　国際原子力機関（IAEA）は、核兵器非保有国に対しては査察を行わない。
　　④　核兵器禁止条約は、核保有国および日本は条約に参加していない。

問3　核兵器に関する軍縮条約や出来事について、次のア～エを年代の古い順に並べたものとして適切なものを、次の①～④のうちから一つ選べ。

　　ア　包括的核実験禁止条約により、核実験の全面的禁止が定められた。

　　イ　国連で採択された核兵器禁止条約の発効により、核兵器の保有・使用・威嚇などが禁止された。

　　ウ　部分的核実験禁止条約により、地下実験以外の核実験が禁止された。

　　エ　新 START により、米ロ間でさらなる核軍縮についての取り決めがなされた。

　　① ア　→　ウ　→　イ　→　エ
　　② ア　→　エ　→　ウ　→　イ
　　③ ウ　→　ア　→　エ　→　イ
　　④ ウ　→　イ　→　ア　→　エ

問4　さまざまな兵器とそれに関する条約について述べた文として適切なものを、次の①～④のうちから一つ選べ。

　　① 核拡散防止条約（NPT）を締結した核兵器非保有国は核の保有が禁止されており、核を保有する国はアメリカ・イギリス・ロシア・フランス・中国のみである。

　　② 細菌やウイルスなどを兵器として使用する化学兵器は、禁止条約により開発・生産・保有が禁止されている。

　　③ 対人地雷全面禁止条約は NGO の連合体である「地雷禁止国際キャンペーン」などの努力により成立した。

　　④ 核兵器禁止条約は、原子力の利用を禁止し、核のない世界の実現をめざしている。

問5　アメリカの大統領で、2009 年にチェコのプラハで「核なき世界」の演説を行い、2016 年に広島を訪問した人物として適切なものを、①～④の中から一つ選べ。

　　① ローズベルト大統領

　　② ニクソン大統領

　　③ オバマ大統領

　　④ トランプ大統領

解答・解説

問1：②

　空欄Aには、1955年に広島で開催された、「原水爆禁止世界大会」が当てはまります。空欄Bには、1957年に行われた「パグウォッシュ会議」が当てはまります。したがって、正解は②です。なお、「国連軍縮特別総会」は軍縮のみを討議する総会で、1978年から始まりました。「オタワ・プロセス」は対人地雷全面禁止条約（オタワ条約）の交渉過程を意味する言葉です。

問2：④

　①について、核拡散防止条約（NPT）は、核兵器非保有国が新たに核兵器を保有することを禁止する条約です。よって、①は誤りです。②について、1963年の部分的核実験禁止条約（PTBT）では、地下実験以外の核実験が禁止されました。なお、実験の全面的禁止は、1996年の包括的核実験禁止条約（CTBT）によって定められています。③について、国際原子力機関（IAEA）は、核兵器非保有国に対しても査察を行っています。よって、③は誤りです。したがって、正解は④です。

問3：③

　「ア」の包括的核実験禁止条約は1996年、「イ」の核兵器禁止条約は2021年、「ウ」の部分的核実験禁止条約は1963年、「エ」の新STARTは2011年の出来事です。古い順に並べると「ウ → ア → エ → イ」となり、正解は③となります。

問4：③

　①について、核兵器非保有国にも核を保有している国があり、インドや北朝鮮などが該当します。よって、①は誤りです。②について、細菌やウイルスなどを使用する兵器は生物兵器です。よって、②は誤りです。④について、核兵器禁止条約は、原子力の平和的利用は禁止していません。よって、④は誤りです。したがって、正解は③です。

問5：③

　正解は③です。①のローズベルト大統領は1945年のヤルタ会談に参加した人物、②のニクソン大統領は1971年に金とドルの交換停止を宣言したニクソン・ショック時の人物、④のトランプ大統領はオバマ政権後の大統領として、現代社会で登場する人物となります。

4. 国際経済の仕組み

国際経済の内容は範囲が広いですが、試験での出題頻度が高い分野です。内容がすこし難しくなりますので、自分が理解できる部分を確実に押さえていきましょう。

📖 経済学の歴史

《 代表的な経済学者 》

アダム・スミス	資本主義	個人の利益を追求することで「神の見えざる手」に導かれ、社会全体の福祉を増大させる ➡ 価格の自動調節作用
マルクス	社会主義	不況や貧富の差は、資本家が利益として搾取する資本主義固有の問題である ➡ 資本主義の限界を指摘
ケインズ	修正資本主義 混合経済	資本主義経済における不況や失業には政府が積極的に介入し、需要をつくり出す必要がある（大きな政府） ➡ 有効需要の原理

18 世紀後半～：産業革命により、機械化が進む

　　　　　　　生産手段の所有者である資本家と労働力を提供する労働者に階級が分かれる ➡ 資本主義の誕生

19 世紀～：生産手段を国が保有し、労働者主体の社会をつくろうとする社会主義の思想が現れる

　　　　　国が有効需要をつくり出したり、社会保障を行ったりすることで、景気の安定化を図るべきとする修正資本主義思想が現れる

20 世紀後半～：「大きな政府」に代わり、「小さな政府」を主張する新自由主義が台頭する

📖 参考

項目	特徴	メリット	デメリット
資本主義	生産手段は個人がもってよい、自由競争	競争社会のため、経済発展が早い	競争社会のため、貧富の差が拡大する
社会主義	国が生産手段の所有、生産統制を行う、富は平等に分配される	貧富の差がない	労働意欲の減退、経済発展の遅れ、独裁政治になりやすい

関連用語

◉ ニューディール政策 …… 1929年の世界恐慌時に、アメリカのローズベルト大統領が行った経済政策。修正資本主義の考えにもとづいている

🔍 外国為替相場

「為替」とは、現金ではなく金融機関を仲立ちとした決済方法です。外国為替とは、国際間の取引のための為替であり、異なる通貨間の交換比率を外国為替相場といいます。

➡ 外国為替市場において通貨の交換が行われる。

◉ 固定相場制 …… 交換比率が常に一定になるように操作
◉ 変動相場制 …… 交換比率が外貨の需要と供給のバランスによって決まる

【為替レート　1ドル＝100円】

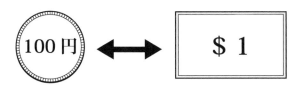

円高・円安

◉ 円高 …… 円の価値が上がる　【例】1ドル110円 ➡ 1ドル100円
◉ 円安 …… 円の価値が下がる　【例】1ドル110円 ➡ 1ドル120円

ある日、円をドルに両替したら、110円で1ドルに両替できましたが、その翌日は100円で1ドルに両替することができました。これは、ドルに対して円の価値が上がった（円高）ことから、少ない円で同じ1ドルに両替できたと考えることができます。

戦後の国際経済

1929 年に世界恐慌が起き、各国は植民地など限られた国としか貿易しないブロック経済圏を形成しました。結果、植民地をもたない国が戦争を始めたことで第二次世界大戦が起きてしまいました。戦後経済はこの反省をもとに整備されていきます。

戦前 …… 世界恐慌　➡　ブロック経済化　➡　第二次世界大戦

戦後 …… 自由貿易体制・国際通貨体制

自由貿易体制

戦前の反省をふまえ、自由貿易の促進に関する機関や仕組みがつくられました。

- 関税及び貿易に関する一般協定（GATT）…… 輸入制限の禁止、関税の引き下げを目的とする
    - ※ GATT では具体的ルールを定めていなかったので、多角的貿易交渉（ラウンド）が行われた
- 世界貿易機関（WTO）…… 1995 年に GATT を発展的に改組した国際機関として発足。GATT に比べ、貿易の紛争解決が機能強化される
    - ※ 物品だけでなくサービスや知的財産権も対象になる

> **参　考　これまでの多角的貿易交渉（ラウンド）**
> 1986 年に始まったウルグアイ・ラウンド（工業製品の輸入制限撤廃や知的財産権の国際ルールを設ける取り決めが行われた）、2001 年に始まったドーハ・ラウンド（WTO 発足後の初ラウンド。発展途上国の先進国の対立により最終合意に至らず）がある

国際通貨体制

経済の安定のために、為替の安定化・自由化に関する機関や仕組みがつくられました。

- IMF 体制（ブレトン・ウッズ体制）…… 金との交換を保証されたドルを基軸とする固定為替相場制（通貨価値の安定をめざす）　※各国の通貨を決められた額のドルと交換する
- 国際通貨基金（IMF）…… 国際収支赤字国への融資、通貨危機時に金融支援を行う
- 国際復興開発銀行（IBRD、世界銀行）…… 発展途上国開発のために長期融資を行う

　ブレトン・ウッズ体制（固定為替相場制）は、主にアメリカの経済力によって支えられてきました。しかし、東西冷戦やベトナム戦争の支出などによりアメリカの経済が悪化し、世界経済は変動為替相場制へと移行していきます。

戦後　　　　：IMF 体制（固定為替相場制）

1960 年代　：アメリカの国際収支が赤字になる

1971 年　　：ニクソン・ショック …… ニクソン大統領がドルと金の交換を禁止

　　　　　　　　　　　　　　　　　➡ IMF 体制の崩壊

　　　　　　　スミソニアン協定 …… 新レートで固定為替相場制復帰を図るも失敗

1973 年〜　：各国は変動為替相場制へ移行

1976 年　　：キングストン合意 ➡ 変動為替相場制へ移行

1980 年代前半：ドル高が続く

　　　　　　　※アメリカは双子の赤字状態 ➡ 貿易赤字（経常赤字）と財政赤字

1985 年　　：プラザ合意 ➡ ドル高是正

　　　　　関 連 用 語

◉ サミット（主要先進国首脳会議）…… 主要経済国の首脳が行う経済会議

🔍 国際分業と貿易

◉ 比較生産費説 …… リカードが提唱。それぞれの国が優位な生産物を集中的に生産し、貿易を行うことで不足する商品を手に入れれば双方にとって有利であるとして、国際分業によるメリットを説いた
　　※一方、リストは、発展途上国が経済発展するためには保護貿易が必要と説いた

例 生産物 1 単位当たりに必要な労働

	毛織物	ぶどう酒
イギリス	100人	120人
ポルトガル	90人	80人

イギリスはより少ない労働量で生産できる毛織物の生産が有利、ポルトガルはより少ない労働量で生産できるぶどう酒の生産が有利

　➡ イギリスは毛織物を輸出、ぶどう酒を輸入

　➡ ポルトガルはぶどう酒を輸出、毛織物を輸入

Step | 基礎問題

■ 各問の空欄に当てはまる語句をそれぞれ①〜③のうちから一つずつ選びなさい。

問1　有効需要の原理を唱え、不況対策には政府の積極的な経済介入が必要であることを主張した経済学者は（　　　　）である。
　　　① アダム・スミス　　② マルクス　　③ ケインズ

問2　自国の通貨と外国の通貨を交換するときの交換比率を（　　　　）という。
　　　① 外国為替相場　　② 外国為替市場　　③ 為替投機

問3　異なる通貨間の交換比率が常に一定になるよう操作する制度を（　　　　）という。
　　　① 変動相場制　　② 固定相場制　　③ 為替投機

問4　個人の利益を追求することで「神の見えざる手」に導かれ、社会全体の福祉を増大させると主張した経済学者は（　　　　）である。
　　　① アダム・スミス　　② マルクス　　③ ケインズ

問5　WTOとは、（　　　　）の略称である。
　　　① 国際労働機関　　② 世界貿易機関　　③ 関税及び貿易に関する一般協定

問6　IMFとは、（　　　　）の略称である。
　　　① 世界貿易機関　　② 国際通貨基金　　③ 国際復興開発銀行

問7　IBRDとは、（　　　　）の略称である。
　　　① 世界貿易機関　　② 国際通貨基金　　③ 国際復興開発銀行

問8　ニクソン・ショックの後、1973年頃から為替相場制度は（　　　　）を採用するようになった。
　　　① 変動相場制　　② 固定相場制　　③ 変動相場制と固定相場制の併用

問9　GATTを発展的に改組した貿易に関する国際機関は（　　　　）である。
　　　① WTO　　② WHO　　③ IMF

問10　リカードは、貿易と国際分業により利益が発生すること主張したが、この考え方を（　　　　）という。
　　　① 有効需要の原理　　② 資本主義　　③ 比較生産費説

解 答

問1：③　問2：①　問3：②　問4：①　問5：②　問6：②　問7：③　問8：①

問9：①　問10：③

（　　）問中（　　）問正解

■ 次の文章を読んで、問1に答えよ。

　第二次世界大戦後、アメリカをはじめとする西側諸国は、貿易や資本の自由な移動を促進するために IMF や GATT をつくり、世界貿易の拡大をめざした。そして、1995 年には GATT を発展・強化するために　A　が設立され、ドーハにおける会議で　B　の加盟が認められた。

問1　文章中の　A　、　B　に当てはまる語句の組み合わせとして適切なものを、次の①〜④のうちから一つ選べ。

	A	B
①	WTO	韓国
②	WTO	中国
③	UNCTAD	中国
④	UNCTAD	韓国

■ 次の問いを読み、問2〜5に答えよ。

問2　戦後の世界経済について述べた文として適切なものを、次の①〜④のうちから一つ選べ。
　　① 戦後の国際通貨体制はドルを基軸とする固定相場制であり、この制度は主にイギリスによって支えられていた。
　　② 戦後の経済体制は、ブレトン・ウッズ体制に基づく IMF（国際通貨基金）、GATT（関税及び貿易に関する一般協定）、IBRD（国際復興開発銀行）の発効から始まった。
　　③ 第二次世界大戦が起こった反省をふまえ、戦後の世界経済ではブロック経済を推進すべく関連機関が設立された。
　　④ ニクソン・ショックの影響により、世界経済は変動相場制から固定相場制へと移行された。

問3　円高・円安あるいはその影響について述べた文として**適切でないもの**を、次の①〜④のうちから一つ選べ。

　　① 1ドル＝100円から1ドル＝120円となった。これは円安である。

　　② 円高・ドル安が進行すると、アメリカから日本に輸入される商品の価格は安くなる。

　　③ 円安・ドル高が進行すると、日本からアメリカに対する輸出は有利となる。

　　④ ドルを入手したときの為替相場と比べて円高・ドル安のときにドルを売り払うと、為替差益が得られる。

問4　GATTとWTOについて述べた文として**適切でないもの**を、次の①〜④のうちから一つ選べ。

　　① WTOは自由貿易を推進する一方、特定産品の輸入が急増した場合、関税や輸入制限を行うセーフガードを認めている。

　　② WTOは知的財産権を保護するためのルールを作成しており、知的財産権に関する紛争を未然に防ぐ仕組みが確立されている。

　　③ GATTがWTOに改組されたことにより、紛争解決処理能力が強化され、その対象はサービスや商標権などの知的財産権まで拡大された。

　　④ WTO発足後に行われたドーハ・ラウンドは、加盟国拡大による利害対立が浮き彫りとなり、2008年に一括合意に失敗するなど、協定締結は難航した。

問5　多角的貿易交渉（ラウンド）について述べた文として**適切でないもの**を、次の①〜④のうちから一つ選べ。

　　① 1964年からのケネディ・ラウンドと1973年からの東京ラウンドにより、関税率の大幅な引き下げが実現した。

　　② 1986年からのウルグアイ・ラウンドでは、サービス貿易や知的財産権も対象となり、交渉は難航した。

　　③ 2001年からのドーハ・ラウンドは、WTO発足後初のラウンドである。

　　④ GATTおよびWTOのラウンドにおいては、無差別貿易を原則とし、最恵国待遇を認めていない。

解答・解説

問1：②

　1995年のGATTウルグアイ・ラウンドの成果であるWTO設立協定に基づいて発足したのが、WTO（世界貿易機関）です。よって、空欄Aには「WTO」が当てはまります。空欄Bについて、2001年のドーハ・ラウンド時に、中国のWTO加盟が認められています。したがって、正解は②です。なお、「UNCTAD」（国連貿易開発会議）とは、世界経済の重要問題である発展途上国の経済問題を国際的な協定によって解決することを目的とした機関です。

問2：②

　①について、戦後の国際通貨体制は、多くの金を保有していたアメリカによって支えられました。よって、①は誤りです。③について、第二次世界大戦の発生は各国がブロック経済（保護貿易）を行った影響が強いことから、戦後の国際経済は自由貿易を推進するべく、各関連機関が設立されました。よって、③は誤りです。④について、ニクソン・ショックの影響により、世界経済は固定相場制から変動相場制へと移行されました。よって、④は誤りです。したがって、正解は②です。

問3：④

　適切でないのは④です。たとえば1ドル＝100円のときに1ドルを得て、その後の1ドル＝90円（ドル安）のときにドルを円に両替すると、10円の損となります。①について、1ドル＝100円から1ドル＝120円となる場合、同じ1ドルを得るのに、後者は前者と比べて20円多く支払いが必要です。これは円の価値の下落（円安）を意味します。②について、円高（円の価値がドルに対して高い状態）では、アメリカの商品を安く仕入れることができるので、円高の際には輸入が有利となります。③については②と逆で、円安の際には輸出が有利となります。

問4：②

　適切でないのは②です。WTOは知的財産権を保護するためのルールを作成していますが、知的財産権に関する紛争を未然に防ぐ仕組みが確立されているとはいえず、模倣品の輸出などが問題となっています。

問5：④

　適切でないのは④です。ラウンドにおいては、無差別貿易を原則としているため、最恵国待遇を適用しています。ここでの最恵国待遇とは、特定国に認めた有利な条件を、GATTおよびWTOの全加盟国に適用することです。

5. 南北問題と経済の新しい動き

範囲は広くありませんので、全体をまんべんなく見ておきましょう。南北問題は以前の状況からどのように変わってきているか理解してください。

Hop｜重要事項

経済格差と南北問題

　世界には、さまざまな経済状況の国々があります。南北問題とは、発展途上国（南）と先進国（北）の間にある経済格差やそれにともなって起こる諸問題のことです。

発展途上国の特徴

- ◉ 先進国に供給するための原料や農産物を生産
- ◉ モノカルチャー経済 ＝ 農作物の単一栽培や鉱物資源の生産に特化した経済
- ◉ 一次産品の輸出に依存 ➡ 価格変動のあおりを受けやすい
- ◉ 南南問題 …… 発展途上国間の経済格差や利害の対立。資源をもつ産油国や新興工業経済地域と最貧国との間の格差
- ◉ 重債務（累積債務）問題 …… 発展途上国は工業化して経済成長を果たすため、先進国から多額の借金をしている

歴史を見ると、発展途上国のほとんどは、かつて植民地でした。植民地となった国は、カカオ・砂糖・茶などの単一栽培を押し付けられ、独立後もこの経済体制から抜け出せない国が多く存在します。

関 連 用 語

◎ 先進国 …… 経済協力開発機構（OECD）加盟国もしくは OECD 開発援助委員会（DAC）
　　　　　　加盟国

◎ 経済協力開発機構（OECD）…… 資本主義諸国が世界的視野に立って国際経済全般について
　　　　　　　　　　　　　協議することを目的として設立された機関で、「先進
　　　　　　　　　　　　　国クラブ」ともいわれる。開発援助委員会（DAC）は
　　　　　　　　　　　　　OECD の下部組織

◎ 新興工業経済地域（NIES）…… 1960 年代から 80 年代にかけて工業化が進み、急速な経
　　　　　　　　　　　　　済発展をとげた国や地域

◎ アジア NIES …… NIES のうち、韓国・台湾・香港・シンガポールを指す

◎ BRICS …… 経済成長が著しい新興国であるブラジル・ロシア・インド・中国・南アフリカ
　　　　　　共和国それぞれの英語の頭文字をとって、このように呼ばれる

南北問題解決の取り組み

◎ 国連貿易開発会議（UNCTAD）…… 南北格差を解決するために設置された国連の
　　　　　　　　　　　　　機関（1964 年）

※プレビッシュ報告で、特恵関税・一次産品の価格安定、先進国による援助を要求

OECD 諸国は ODA（政府開発援助）の支出目標を決定

◎ 新国際経済秩序（NIEO）樹立宣言 …… 発展途上国が先進国と対等な貿易を要求

 関 連 用 語

◎ 関税 …… 輸入品にかかる税金

◎ フェアトレード …… 発展途上国の一次産品を適正価格で買い取ることで、発展途上国の
　　　　　　　　　　生産者の生活と自立を支える仕組みや運動

◎ NGO …… 非政府組織。民間の国際協力機構

◎ NPO …… 非営利組織。さまざまな社会貢献を行う。得た収益も社会貢献活動に充てる

日本の経済協力

　日本は 1950 年代より、政府開発援助（ODA）を通じて発展途上国への経済的援助を
行ってきました。日本の ODA は贈与の割合が低く、貸付け（借款）の割合が多いこと、
インフラ整備が多いことが特徴となっています。

Step｜基礎問題

■ 各問の空欄に当てはまる語句をそれぞれ①〜③のうちから一つずつ選びなさい。

問1　発展途上国と先進国との間にある経済格差やそれにともなって生じる諸問題を（　　　　）という。
　　　　① 南南問題　　② 南北問題　　③ 冷戦

問2　農作物の単一栽培や鉱物資源の生産に特化した経済を（　　　　）という。
　　　　① バブル経済　　② ブロック経済　　③ モノカルチャー経済

問3　DAC とは、（　　　　）の略称である。
　　　　① 開発援助委員会　　② 経済協力開発機構　　③ 国連貿易開発会議

問4　UNCTAD とは、（　　　　）の略称である。
　　　　① 経済協力開発機構　　② 国連貿易開発会議　　③ 石油輸出国機構

問5　UNCTAD は（　　　　）を解決するために設置された国連の機関である。
　　　　① 南北問題　　② 東西冷戦　　③ 軍縮問題

問6　発展途上国は経済成長を果たすため先進国から多額の借金をした。そのなかには対外債務の返済が困難になり国際金融不安の原因になるケースがある。こうした問題を（　　　　）という。
　　　　① 累積債務問題　　② 南南問題　　③ 南北問題

問7　経済発展が著しい新興国であるブラジル・ロシア・インド・中国・南アフリカ共和国は（　　　　）と呼ばれている。
　　　　① NIES　　② BRICS　　③ DAC

🔍**解答**
問1：②　問2：③　問3：①　問4：②　問5：①　問6：①　問7：②

問8　発展途上国のなかでも、資源の保有国と非保有国との間では経済格差がある。このことを（　　　　）という。
　　　① 累積債務問題　　② 南南問題　　③ 南北問題

問9　発展途上国の一次産品を適正価格で買い取ることで、発展途上国の生産者の生活と自立を支える仕組みや運動を（　　　　）という。
　　　① フェアトレード　　② セーフガード　　③ ノーマライゼーション

問10　日本の経済協力は（　　　　）が中心で、国際協力機構（JICA）では青年海外協力隊の派遣も行っている。
　　　① 民間企業　　② NGO　　③ ODA

 解 答

問8：②　問9：①　問10：③

 **Jump｜レベルアップ問題**

■ 次の会話文を読んで、問1に答えよ。

先生：今日は発展途上国が抱える貧困と援助について考えてみましょう。赤道から見て北を北半球、南を南半球と呼びますが、先進国が北の地域に、発展途上国が南の地域に多いことから、この格差を　A　といいましたね。発展途上国に対して行っている援助について、知っていることはありますか？

武之：NGOの国境なき医師団が、世界の貧困地域で救護活動をしているのをテレビで見ました。異国の地で働く彼らを見て、とても感心しました。

晴菜：私は発展途上国で生産されたカカオのチョコレートやコーヒー豆は、フェアトレードマークがあるものを購入しています。これは私たちができる発展途上国への援助だと思います。

先生：そうですね。そのほかに、政府が援助を行う　B　も大きな役割を果たしています。日本は1989年にアメリカを抜いて世界最大の援助国となったときがありました。現在はアメリカが第一位となっています。

問1　会話文中の　A　、　B　に当てはまる語句の組み合わせとして適切なものを、次の①〜④のうちから一つ選べ。

A	B
① 南南問題	ODA
② 南南問題	OECD
③ 南北問題	OECD
④ 南北問題	ODA

■ 次の問いを読み、問2〜5に答えよ。

問2　発展途上国について述べた文として適切なものを、次の①〜④のうちから一つ
　　　選べ。
　　　　① 発展途上国の人々に対して、無担保で少額の融資を行う金融サービスを
　　　　　マイクロファイナンスといい、バングラデシュのグラミン銀行が有名で
　　　　　ある。
　　　　② ODA による資金援助は贈与に限り、援助を受けた国に返済義務はない。
　　　　③ 発展途上国は原材料の輸出に集中することで、価格の変動に強い経済体
　　　　　制を築いてきた。
　　　　④ 発展途上国の支援を行う NGO や NPO で働くスタッフは、無給のボラン
　　　　　ティアスタッフのみで構成されている。

問3　発展途上国と貿易について述べた文として**適切でないもの**を、次の①〜④のう
　　　ちから一つ選べ。
　　　　① 1964 年に行われた第一回 UNCTAD で提言されたプレビッシュ報告は、
　　　　　「貿易よりも援助を」をスローガンとして掲げた。
　　　　② 新興工業経済地域（NIES）は先進国から直接投資を積極的に受け入れる
　　　　　ことで工業化に成功し、経済発展した国である。
　　　　③ フェアトレードとは、発展途上国で生産された商品の取引を公正に行う
　　　　　ことで、生産者の生活と自立を支える運動である。
　　　　④ 発展途上国のなかには、特定の農産物や鉱山資源などの一次産品の生産
　　　　　や輸出から抜け出せない国があり、こういった経済体制をモノカルチャー
　　　　　経済と呼ぶ。

問4　1970 年代以降、アジア諸国の経済発展は「東アジアの奇跡」として注目された。
　　　その後、1980 年代後半以降の ASEAN 諸国も同様の発展をとげたが、この最
　　　も大きな要因といえるものを①〜④のうちから選べ。
　　　　① 新たな天然資源の開発
　　　　② 外国からの直接投資受け入れ
　　　　③ 中国からの経済支援
　　　　④ IMF など国際機関の協力

問 5　　NGO の具体例として**適切でないもの**を、次の①〜④のうちから一つ選べ。

　　　　① 紛争地域などで医療活動に従事している「国境なき医師団」

　　　　② 環境問題に取り組んでいる「グリーンピース」

　　　　③ 人権侵害をなくすために活動している「アムネスティ・インターナショ
　　　　　 ナル」

　　　　④ 国民の不満・苦情などについて問題の解決をはかる「オンブズマン」

問1：④

空欄Aについて、先進国が北の地域に、発展途上国が南の地域に多いことから、この格差を「南北問題」と呼びます。空欄Bには、政府開発援助である「ODA」が当てはまります。したがって、正解は④です。なお、「南南問題」とは、発展途上国間での格差問題です。「OECD」（経済協力開発機構）とは、別名「先進国クラブ」と呼ばれており、世界的視野に立って国際経済の協力を行う機構です。

問2：①

②について、ODAによる資金援助は贈与のほかに借款もあり、援助を受けた国は返済義務があります。よって、②は誤りです。③について、原材料は価格変動のあおりを受けやすいため、経済は不安定となります。よって、③は誤りです。④について、NGOやNPOにはボランティアも存在しますが、全員が無給とは限らず、給与が支払われるスタッフも存在します。よって、④は誤りです。したがって、正解は①です。

問3：①

適切でないのは①です。プレビッシュ報告では、「援助よりも貿易を」をスローガンとし、一次産品の価格安定や関税引き下げなどの要求が示されました。

問4：②

アジア諸国は日本などの先進諸国から積極的に直接投資を受け入れて、工業化を進め、めざましい経済発展をとげました。したがって、正解は②です。

問5：④

NGOは、開発・環境・軍縮・平和・人権などの諸分野で活発な活動を展開しています。「国境なき医師団」「グリーンピース」「アムネスティ・インターナショナル」はその代表例です。「オンブズマン」とは、市民からの苦情により行政の違法行為や怠慢を告発する行政監察官のことです。日本では、まだ国政レベルでは採用していません。

6. 経済の地域主義と新たな動き

EUなどの地域経済統合の状況を把握しましょう。この単元は完全に時事的知識が問われる内容になりますので、本書の内容だけでなく、日頃から報道されている国際関係の動きについて注意しておきましょう。

地域的経済統合

地域的経済統合とは、近隣諸国間で共通の経済政策を実施し、協力をはかるものです。

ヨーロッパ連合（EU）

欧州共同体（EC）から発展し、マーストリヒト条約の発効により発足（1993年）。ヨーロッパ各国において経済、政治、軍事など社会的なあらゆる分野での統合をめざしています。

- ◉ 本　部　：ベルギー
- ◉ 加盟国　：27か国（2023年6月現在）
- ◉ 共通通貨：ユーロ（2002年より流通）
- ◉ 特　徴　：加盟国間では、人・資本・企業の移動は自由、関税の撤廃、共通の金融政策・通商政策

参考

原加盟国	ベルギー、ドイツ、フランス、イタリア、ルクセンブルク、オランダ
1973年	デンマーク、アイルランド、イギリス加盟
1981年	ギリシャ加盟
1986年	ポルトガル、スペイン加盟
1995年	オーストリア、フィンランド、スウェーデン加盟
2004年	キプロス、チェコ、エストニア、ハンガリー、ラトビア　リトアニア、マルタ、ポーランド、スロバキア、スロベニア加盟
2007年	ルーマニア、ブルガリア加盟
2013年	クロアチア加盟
2020年	イギリス脱退

かつて社会主義をとっていた東欧諸国が加盟

アジア太平洋経済協力会議（APEC）

アジア太平洋地域の持続的な発展を目的とし、環太平洋の 21 の国と地域が参加するフォーラムです。

- ◉ 本　部：シンガポール
- ◉ 加盟国：日本・アメリカ・中国・ロシア・オーストラリア・ASEAN 諸国など 21 か国・地域（2023 年 6 月現在）
- ◉ 特　徴：域内の貿易投資の自由化や経済・技術協力を進める

東南アジア諸国連合（ASEAN）

東南アジア諸国の経済・社会・政治・安全保障・文化での地域協力を行っています。

- ◉ 本　部：インドネシア
- ◉ 加盟国：マレーシア・フィリピン・インドネシアなど東南アジア 10 か国（2023 年 6 月現在）
- ◉ 特　徴：域内の貿易・投資・人の移動の自由化

米国・メキシコ・カナダ協定（USMCA）

多国間で行う自由貿易に関する協定のひとつです。かつての NAFTA（北米自由貿易協定）に代わる協定として移行されました。

- ◉ 加盟国：アメリカ、カナダ、メキシコの 3 か国（2023 年 6 月現在）
- ◉ 特　徴：域内の貿易・投資の自由化をめざす

南米南部共同市場（MERCOSUR）

- ◉ 本　部：ウルグアイ
- ◉ 加盟国：アルゼンチン・ブラジル・パラグアイ・ウルグアイ・ベネズエラ、ボリビアの 6 か国（2023 年 6 月現在）
- ◉ 特　徴：域内の関税撤廃や対外共通関税の実施をめざす

アフリカ連合（AU）

　アフリカ連合は、アフリカの 55 の国・地域が加盟する世界最大級の地域機関です。EU をモデルにしており、長期的には単一通貨の発行も視野に入れています。

◉ 本　　部：エチオピア

◉ 加盟国：55 か国（2023 年 6 月現在）

◉ 特　　徴：政治的・経済的統合をめざす

関 連 用 語

◉ 自由貿易協定（FTA）…… 2 国間や少数国間での自由貿易協定。近年、日本もシンガポール、メキシコなどと FTA を結んでいる

◉ 経済連携協定（EPA）…… 貿易の自由化だけでなく、投資や労働力の自由化をめざす。日本も ASEAN 諸国や中南米などと EPA を結んでいる

◉ 環太平洋経済連携協定（TPP）…… EPA のひとつ。太平洋に面する国々が参加している

経済の新たな動き

ロシア（ソ連）

　1980 年代にゴルバチョフ書記長による改革（ペレストロイカ）が行われました。その後、租税体制や流通制度などを整備しないまま急速な市場経済化を進めたため経済危機が発生しました（1998 年）。近年は豊富な地下資源と海外からの投資により発展しつつあります。

ベトナム

　ドイモイ（刷新）と呼ばれる市場経済の導入と対外開放を進める政策のもとで、急速に経済発展をとげました。

中国

　改革・開放政策をとり社会主義市場経済を導入して高成長を続けていますが、国有企業改革や貧富の差などの課題があります。

Step | 基礎問題

■ 各問の空欄に当てはまる語句をそれぞれ①～③のうちから一つずつ選びなさい。

問1　EU とは、（　　　　　）の略称である。
　　　　① ヨーロッパ共同体　　② ヨーロッパ連合　　③ 欧州自由貿易連合

問2　EU 加盟国共通の通貨は（　　　　　）である。
　　　　① ドル　　② ユーロ　　③ フラン

問3　経済協力に関して、日本、アメリカ、中国、オーストラリア、東南アジアの国々
　　　　は（　　　　　）を構成している。
　　　　① APEC　　② ASEAN　　③ NAFTA

問4　APEC とは、（　　　　　）の略称である。
　　　　① 東南アジア諸国連合　　② アジア太平洋経済協力会議
　　　　③ アフリカ連合

問5　東南アジア 10 か国で構成されている経済連携は（　　　　　）である。
　　　　① APEC　　② ASEAN　　③ NAFTA

問6　ASEAN とは、（　　　　　）の略称である。
　　　　① 東南アジア諸国連合　　② アジア太平洋経済協力会議
　　　　③ アフリカ連合

問7　北アメリカの 3 か国が構成する多国間自由貿易協定は（　　　　　）である。
　　　　① USMCA　　② FTA　　③ APEC

問8　USMCA とは、（　　　　　）の略称である。
　　　　① アフリカ連合　　② 米国・メキシコ・カナダ協定　　③ 欧州自由貿易連合

問9　2 国間や少数国間での自由貿易協定を（　　　　　）という。
　　　　① NAFTA　　② ASEAN　　③ FTA

問10　中国は 1990 年代に（　　　　　）を導入し、近年、高成長を続けている。
　　　　① 資本主義　　② 社会主義市場経済　　③ 計画経済

解　答

問1：②　問2：②　問3：①　問4：②　問5：②　問6：①　問7：①　問8：②

問9：③　問10：②

 **Jump｜レベルアップ問題**

■ 次の会話文を読んで、問1～2に答えよ。

銀次：宏和さん、夏休みにヨーロッパに旅行したって言っていたけれど、どの国に行ってきたの？

宏和：いくつかの国に行ってきたよ。なかでもドイツ・オーストリア・イタリアは音楽の歴史を感じる素晴らしい国だったな。ヨーロッパは EU によって地域の統合が進んでいるけれど、各国の素晴らしい文化は観光にも活かされていると思うよ。

銀次：ヨーロッパは共通通貨である　A　が導入されているから、国をまたいでも買い物をするときに便利そうだよね。

先生：そうですね。でも、ヨーロッパ連合に加盟している国がすべて　A　を導入しているわけではないから、注意が必要ですよ。そういえば、導入していない国のひとつである　B　では移民への社会保障支出の多さや拠出金の多さに対する問題から離脱問題が発生して、2020 年に脱退をしましたね。

宏和：これからのヨーロッパの地域統合について、注目していきたいですね。

問1　会話文中の　A　、　B　に当てはまる語句の組み合わせとして適切なものを、次の①～④のうちから一つ選べ。

	A	B
①	ユーロ	スイス
②	ユーロ	イギリス
③	ポンド	スイス
④	ポンド	イギリス

問2　EU について述べた文として適切なものを、次の①～④のうちから一つ選べ。

① EU は資本主義国家によって形成されており、東欧の旧社会主義国は EU に参加していない。

② EU は、マーストリヒト条約の発効により設立された。

③ EU は、ヨーロッパの政治的・経済的・文化的統合を目的としている。

④ EU 諸国における国防は各国の責任とされ、安全保障面での結束はなされない。

■ 次の問いを読み、問3～5に答えよ。

問3 世界の経済統合の名称と地域名の組み合わせについて適切なものを、次の①～④のうちから一つ選べ。

① 南アメリカ ＝ ASEAN

② アフリカ ＝ EU

③ 北アメリカ ＝ USMCA

④ 環太平洋 ＝ MERCOSUR

問4 FTA・EPA について述べた文として**適切でないもの**を、次の①～④から一つ選べ。

① FTA や EPA を結ぶことにより、輸出時の関税が撤廃されるため、輸出が有利となる。

② 日本は東南アジアや中南米などと EPA を結んでおり、外国人材の登用が進んでいる。

③ FTA や EPA では食品の安全基準について定めておらず、日本国内で品質を満たさない商品が出回る可能性が懸念されている。

④ FTA や EPA を結ぶことにより、国内に外国の安い商品が流通することで、競争力が弱い国内産業が衰退するおそれがある。

問5 東アジアや東南アジアの経済について述べた文として**適切でないもの**を、次の①～④のうちから一つ選べ。

① 中国は当初、社会主義による経済政策を行っていたが、1978 年に改革開放政策に踏み切り、近年、GDP はアメリカに次ぐ世界第2位となった。

② ベトナムはドイモイ政策を行い、外国企業の誘致を積極的に行い、経済成長が進んでいる。

③ BRICS に含まれるブルネイは、経済成長率が著しい新興国とされている。

④ ロシアは 1980 年代にペレストロイカを行い、経済の再建がはかられた。

解答・解説

問１：②

　空欄Aには、ヨーロッパ連合の共通通貨である「ユーロ」が当てはまります。空欄B
には、2020年にヨーロッパ連合を脱退した「イギリス」が当てはまります。したがって、
正解は②です。なお、「ポンド」はイギリスの通貨です。「スイス」はヨーロッパ連合に
加盟していませんが、ユーロは導入している国となります。

問２：②

　①について、EUには東欧の旧社会主義国も含まれており、ソ連崩壊後の2004年以
降に多くの東欧諸国がEUに加盟しました。よって、①は誤りです。③と④について、
EUはヨーロッパの政治的・経済的統合・安全保障面での協力を目的としていますが、
文化の統合は目的とされていません。よって、③と④は誤りです。したがって、正解は
②です。

問３：③

　各地域と経済統合について正しい組み合わせは、南アメリカはMERCOSUR、アフリ
カはAU、北アメリカはUSMCA、環太平洋はAPEC、東南アジアはASEAN、ヨーロッ
パはEUとなります。したがって、正解は③です。

問４：③

　適切でないのは③です。FTAやEPAでは食品の安全基準について定めています。ただ、
その安全基準は日本が求める品質とは限らないため、注意が必要です。

問５：③

　適切ではないのは③です。BRICSに含まれる国はブラジル・ロシア・インド・中国・
南アフリカ共和国となります。

付録：日本国憲法条文集

◉ 公布：1946（昭和21）年11月3日
◉ 施行：1947（昭和22）年5月3日

朕は、日本国民の総意に基いて、新日本建設の礎が、定まるに至つたことを、深くよろこび、枢密顧問の諮詢及び帝国憲法第73条による帝国議会の議決を経た帝国憲法の改正を裁可し、ここにこれを公布せしめる。

御名御璽

昭和21年11月3日

内閣総理大臣兼外務大臣		吉田茂
国務大臣	男爵	幣原喜重郎
司法大臣		木村篤太郎
内務大臣		大村清一
文部大臣		田中耕太郎
農林大臣		和田博雄
国務大臣		斎藤隆夫
逓信大臣		一松定吉
商工大臣		星島二郎
厚生大臣		河合良成
国務大臣		植原悦二郎
運輸大臣		平塚常次郎
大蔵大臣		石橋湛山
国務大臣		金森徳次郎
国務大臣		膳桂之助

前文

日本国民は、正当に選挙された国会における代表者を通じて行動し、われらとわれらの子孫のために、諸国民との協和による成果と、わが国全土にわたつて自由のもたらす恵沢を確保し、政府の行為によつて再び戦争の惨禍が起ることのないやうにすることを決意し、ここに主権が国民に存することを宣言し、この憲法を確定する。そもそも国政は、国民の厳粛な信託によるものであつて、その権威は国民に由来し、その権力は国民の代表者がこれを行使し、その福利は国民がこれを享受する。これは人類普遍の原理であり、この憲法は、かかる原理に基くものである。われらは、これに反する一切の憲法、法令及び詔勅を排除する。

日本国民は、恒久の平和を念願し、人間相互の関係を支配する崇高な理想を深く自覚するのであつて、平和を愛する諸国民の公正と信義に信頼して、われらの安全と生存を保持しようと決意した。われらは、平和を維持し、専制と隷従、圧迫と偏狭を地上から永遠に除去しようと努めてゐる国際社会において、名誉ある地位を占めたいと思ふ。われらは、全世界の国民が、ひとしく恐怖と欠乏から免かれ、平和のうちに生存する権利を有することを確認する。

われらは、いづれの国家も、自国のことのみに専念して他国を無視してはならないのであって、政治道徳の法則は、普

遍的なものであり、この法則に従ふこと
は、自国の主権を維持し、他国と対等関
係に立たうとする各国の責務であると信
ずる。

　日本国民は、国家の名誉にかけ、全力
をあげてこの崇高な理想と目的を達成す
ることを誓ふ。

第1章　天皇
第1条　【天皇の地位・国民主権】
　天皇は、日本国の象徴であり日本国民
統合の象徴であつて、この地位は、主
権の存する日本国民の総意に基く。
第2条　【皇位の継承】
　皇位は、世襲のものであつて、国会の
議決した皇室典範の定めるところによ
り、これを継承する。
第3条　【天皇の国事行為に対する内閣の助言と承認】
　天皇の国事に関するすべての行為には、
内閣の助言と承認を必要とし、内閣が、
その責任を負ふ。
第4条　【天皇の権能の限界、天皇の国事行為の委任】
　1. 天皇は、この憲法の定める国事に関
する行為のみを行ひ、国政に関する権
能を有しない。
　2. 天皇は、法律の定めるところにより、
その国事に関する行為を委任すること
ができる。
第5条　【摂政】
　皇室典範の定めるところにより摂政を
置くときは、摂政は、天皇の名でその
国事に関する行為を行ふ。この場合に
は、前条第1項の規定を準用する。

第6条　【天皇の任命権】
　1. 天皇は、国会の指名に基いて、内閣
総理大臣を任命する。
　2. 天皇は、内閣の指名に基いて、最高
裁判所の長たる裁判官を任命する。
第7条　【天皇の国事行為】
　天皇は、内閣の助言と承認により、国
民のために、左の国事に関する行為を
行ふ。
　1. 憲法改正、法律、政令及び条約を公
布すること。
　2. 国会を召集すること。
　3. 衆議院を解散すること。
　4. 国会議員の総選挙の施行を公示する
こと。
　5. 国務大臣及び法律の定めるその他の
官吏の任免並びに全権委任状及び大使
及び公使の信任状を認証すること。
　6. 大赦、特赦、減刑、刑の執行の免除
及び復権を認証すること。
　7. 栄典を授与すること。
　8. 批准書及び法律の定めるその他の外
交文書を認証すること。
　9. 外国の大使及び公使を接受すること。
　10. 儀式を行ふこと。
第8条　【皇室の財産授受】
　皇室に財産を譲り渡し、又は皇室が、
財産を譲り受け、若しくは賜与するこ
とは、国会の議決に基かなければなら
ない。

第2章　戦争の放棄
第9条　【戦争の放棄、戦力及び交戦権の否認】
　1. 日本国民は、正義と秩序を基調とす
る国際平和を誠実に希求し、国権の発

動たる戦争と、武力による威嚇又は武力の行使は、国際紛争を解決する手段としては、永久にこれを放棄する。

2. 前項の目的を達するため、陸海空軍その他の戦力は、これを保持しない。国の交戦権は、これを認めない。

第3章　国民の権利及び義務

第10条　【国民の要件】

日本国民たる要件は、法律でこれを定める。

第11条　【基本的人権の享有】

国民は、すべての基本的人権の享有を妨げられない。この憲法が国民に保障する基本的人権は、侵すことのできない永久の権利として、現在及び将来の国民に与へられる。

第12条　【自由・権利の保持の責任とその濫用の禁止】

この憲法が国民に保障する自由及び権利は、国民の不断の努力によつて、これを保持しなければならない。又、国民は、これを濫用してはならないのであつて、常に公共の福祉のためにこれを利用する責任を負ふ。

第13条　【個人の尊厳と公共の福祉】

すべて国民は、個人として尊重される。生命、自由及び幸福追求に対する国民の権利については、公共の福祉に反しない限り、立法その他の国政の上で、最大の尊重を必要とする。

第14条　【法の下の平等、貴族の禁止、栄典】

1. すべて国民は、法の下に平等であつて、人種、信条、性別、社会的身分又は門地により、政治的、経済的又は社会的関係において、差別されない。

2. 華族その他の貴族の制度は、これを認めない。

3. 栄誉、勲章その他の栄典の授与は、いかなる特権も伴はない。栄典の授与は、現にこれを有し、又は将来これを受ける者の一代に限り、その効力を有する。

第15条　【公務員の選定及び罷免の権、公務員の本質、普通選挙の保障、秘密投票の保障】

1. 公務員を選定し、及びこれを罷免することは、国民固有の権利である。

2. すべて公務員は、全体の奉仕者であつて、一部の奉仕者ではない。

3. 公務員の選挙については、成年者による普通選挙を保障する。

4. すべて選挙における投票の秘密は、これを侵してはならない。選挙人は、その選択に関し公的にも私的にも責任を問はれない。

第16条　【請願権】

何人も、損害の救済、公務員の罷免、法律、命令又は規則の制定、廃止又は改正その他の事項に関し、平穏に請願する権利を有し、何人も、かかる請願をしたためにいかなる差別待遇も受けない。

第17条　【国及び公共団体の賠償責任】

何人も、公務員の不法行為により、損害を受けたときは、法律の定めるところにより、国又は公共団体に、その賠償を求めることができる。

第18条　【奴隷的拘束及び苦役からの自由】

何人も、いかなる奴隷的拘束も受けな

い。又、犯罪に因る処罰の場合を除いては、その意に反する苦役に服させられない。

第19条　【思想及び良心の自由】
　思想及び良心の自由は、これを侵してはならない。

第20条　【信教の自由】
　1. 信教の自由は、何人に対してもこれを保障する。いかなる宗教団体も、国から特権を受け、又は政治上の権力を行使してはならない。
　2. 何人も、宗教上の行為、祝典、儀式又は行事に参加することを強制されない。
　3. 国及びその機関は、宗教教育その他いかなる宗教的活動もしてはならない。

第21条　【集会・結社・表現の自由、通信の秘密】
　1. 集会、結社及び言論、出版その他一切の表現の自由は、これを保障する。
　2. 検閲は、これをしてはならない。通信の秘密は、これを侵してはならない。

第22条　【居住・移転及び職業選択の自由、外国移住及び国籍離脱の自由】
　1. 何人も、公共の福祉に反しない限り、居住、移転及び職業選択の自由を有する。
　2. 何人も、外国に移住し、又は国籍を離脱する自由を侵されない。

第23条　【学問の自由】
　学問の自由は、これを保障する。

第24条　【家族生活における個人の尊厳と両性の平等】
　1. 婚姻は、両性の合意のみに基いて成立し、夫婦が同等の権利を有することを基本として、相互の協力により、維持されなければならない。
　2. 配偶者の選択、財産権、相続、住居の選定、離婚並びに婚姻及び家族に関するその他の事項に関しては、法律は、個人の尊厳と両性の本質的平等に立脚して、制定されなければならない。

第25条　【生存権、国の社会的使命】
　1. すべて国民は、健康で文化的な最低限度の生活を営む権利を有する。
　2. 国は、すべての生活部面について、社会福祉、社会保障及び公衆衛生の向上及び増進に努めなければならない。

第26条　【教育を受ける権利、教育の義務】
　1. すべて国民は、法律の定めるところにより、その能力に応じて、ひとしく教育を受ける権利を有する。
　2. すべて国民は、法律の定めるところにより、その保護する子女に普通教育を受けさせる義務を負ふ。義務教育は、これを無償とする。

第27条　【勤労の権利及び義務、勤労条件の基準、児童酷使の禁止】
　1. すべて国民は、勤労の権利を有し、義務を負ふ。
　2. 賃金、就業時間、休息その他の勤労条件に関する基準は、法律でこれを定める。
　3. 児童は、これを酷使してはならない。

第28条　【勤労者の団結権】
　勤労者の団結する権利及び団体交渉その他の団体行動をする権利は、これを保障する。

第29条　【財産権】
　1. 財産権は、これを侵してはならない。
　2. 財産権の内容は、公共の福祉に適合

するやうに、法律でこれを定める。

3. 私有財産は、正当な補償の下に、これを公共のために用ひることができる。

第30条　【納税の義務】
国民は、法律の定めるところにより、納税の義務を負ふ。

第31条　【法定の手続の保障】
何人も、法律の定める手続によらなければ、その生命若しくは自由を奪はれ、又はその他の刑罰を科せられない。

第32条　【裁判を受ける権利】
何人も、裁判所において裁判を受ける権利を奪はれない。

第33条　【逮捕の要件】
何人も、現行犯として逮捕される場合を除いては、権限を有する司法官憲が発し、且つ理由となつてゐる犯罪を明示する令状によらなければ、逮捕されない。

第34条　【抑留・拘禁の要件、不法拘禁に対する保障】
何人も、理由を直ちに告げられ、且つ、直ちに弁護人に依頼する権利を与へられなければ、抑留又は拘禁されない。又、何人も、正当な理由がなければ、拘禁されず、要求があれば、その理由は、直ちに本人及びその弁護人の出席する公開の法廷で示されなければならない。

第35条　【住居の不可侵】
1. 何人も、その住居、書類及び所持品について、侵入、捜索及び押収を受けることのない権利は、第三十三条の場合を除いては、正当な理由に基いて発せられ、且つ捜索する場所及び押収する物を明示する令状がなければ、侵されない。

2. 捜索又は押収は、権限を有する司法官憲が発する各別の令状により、これを行ふ。

第36条　【拷問及び残虐刑の禁止】
公務員による拷問及び残虐な刑罰は、絶対にこれを禁ずる。

第37条　【刑事被告人の権利】
1. すべて刑事事件においては、被告人は、公平な裁判所の迅速な公開裁判を受ける権利を有する。

2. 刑事被告人は、すべての証人に対して審問する機会を充分に与へられ、又、公費で自己のために強制的手続により証人を求める権利を有する。

3. 刑事被告人は、いかなる場合にも、資格を有する弁護人を依頼することができる。被告人が自らこれを依頼することができないときは、国でこれを附する。

第38条　【自己に不利益な供述、自白の証拠能力】
1. 何人も、自己に不利益な供述を強要されない。

2. 強制、拷問若しくは脅迫による自白又は不当に長く抑留若しくは拘禁された後の自白は、これを証拠とすることができない。

3. 何人も、自己に不利益な唯一の証拠が本人の自白である場合には、有罪とされ、又は刑罰を科せられない。

第39条　【遡及処罰の禁止・一事不再理】
何人も、実行の時に適法であつた行為又は既に無罪とされた行為については、刑事上の責任を問はれない。又、同一の犯罪について、重ねて刑事上の責任を問はれない。

第40条 【刑事補償】

何人も、抑留又は拘禁された後、無罪の裁判を受けたときは、法律の定めるところにより、国にその補償を求めることができる。

第4章　国会

第41条 【国会の地位・立法権】

国会は、国権の最高機関であつて、国の唯一の立法機関である。

第42条 【両院制】

国会は、衆議院及び参議院の両議院でこれを構成する。

第43条 【両議院の組織】

1. 両議院は、全国民を代表する選挙された議員でこれを組織する。

2. 両議院の議員の定数は、法律でこれを定める。

第44条 【議員及び選挙人の資格】

両議院の議員及びその選挙人の資格は、法律でこれを定める。但し、人種、信条、性別、社会的身分、門地、教育、財産又は収入によつて差別してはならない。

第45条 【衆議院議員の任期】

衆議院議員の任期は、四年とする。但し、衆議院解散の場合には、その期間満了前に終了する。

第46条 【参議院議員の任期】

参議院議員の任期は、六年とし、三年ごとに議員の半数を改選する。

第47条 【選挙に関する事項】

選挙区、投票の方法その他両議院の議員の選挙に関する事項は、法律でこれを定める。

第48条 【両議院議員兼職の禁止】

何人も、同時に両議院の議員たること

はできない。

第49条 【議員の歳費】

両議院の議員は、法律の定めるところにより、国庫から相当額の歳費を受ける。

第50条 【議員の不逮捕特権】

両議院の議員は、法律の定める場合を除いては、国会の会期中逮捕されず、会期前に逮捕された議員は、その議院の要求があれば、会期中これを釈放しなければならない。

第51条 【議員の発言・表決の無責任】

両議院の議員は、議院で行つた演説、討論又は表決について、院外で責任を問はれない。

第52条 【常会】

国会の常会は、毎年一回これを召集する。

第53条 【臨時会】

内閣は、国会の臨時会の召集を決定することができる。いづれかの議院の総議員の四分の一以上の要求があれば、内閣は、その召集を決定しなければならない。

第54条 【衆議院の解散・特別会、参議院の緊急集会】

1. 衆議院が解散されたときは、解散の日から四十日以内に、衆議院議員の総選挙を行ひ、その選挙の日から三十日以内に、国会を召集しなければならない。

2. 衆議院が解散されたときは、参議院は、同時に閉会となる。但し、内閣は、国に緊急の必要があるときは、参議院の緊急集会を求めることができる。

3. 前項但書の緊急集会において採ら

れた措置は、臨時のものであつて、次の国会開会の後十日以内に、衆議院の同意がない場合には、その効力を失ふ。

第55条 【資格争訟の裁判】

両議院は、各々その議員の資格に関する争訟を裁判する。但し、議員の議席を失はせるには、出席議員の三分の二以上の多数による議決を必要とする。

第56条 【定足数、表決】

1. 両議院は、各々その総議員の三分の一以上の出席がなければ、議事を開き議決することができない。

2. 両議院の議事は、この憲法に特別の定のある場合を除いては、出席議員の過半数でこれを決し、可否同数のときは、議長の決するところによる。

第57条 【会議の公開、会議録、表決の記載】

1. 両議院の会議は、公開とする。但し、出席議員の三分の二以上の多数で議決したときは、秘密会を開くことができる。

2. 両議院は、各々その会議の記録を保存し、秘密会の記録の中で特に秘密を要すると認められるもの以外は、これを公表し、且つ一般に頒布しなければならない。

3. 出席議員の五分の一以上の要求があれば、各議員の表決は、これを会議録に記載しなければならない。

第58条 【役員の選任、議院規則・懲罰】

1. 両議院は、各々その議長その他の役員を選任する。

2. 両議院は、各々その会議その他の手続及び内部の規律に関する規則を定め、又、院内の秩序をみだした議員を懲罰することができる。但し、議員を除名するには、出席議員の三分の二以上の多数による議決を必要とする。

第59条 【法律案の議決、衆議院の優越】

1. 法律案は、この憲法に特別の定のある場合を除いては、両議院で可決したとき法律となる。

2. 衆議院で可決し、参議院でこれと異なつた議決をした法律案は、衆議院で出席議員の三分の二以上の多数で再び可決したときは、法律となる。

3. 前項の規定は、法律の定めるところにより、衆議院が、両議院の協議会を開くことを求めることを妨げない。

4. 参議院が、衆議院の可決した法律案を受け取つた後、国会休会中の期間を除いて六十日以内に、議決しないときは、衆議院は、参議院がその法律案を否決したものとみなすことができる。

第60条 【衆議院の予算先議、予算議決に関する衆議院の優越】

1. 予算は、さきに衆議院に提出しなければならない。

2. 予算について、参議院で衆議院と異なつた議決をした場合に、法律の定めるところにより、両議院の協議会を開いても意見が一致しないとき、又は参議院が、衆議院の可決した予算を受け取つた後、国会休会中の期間を除いて三十日以内に、議決しないときは、衆議院の議決を国会の議決とする。

第61条 【条約の承認に関する衆議院の優越】

条約の締結に必要な国会の承認については、前条第二項の規定を準用する。

第62条 【議院の国政調査権】

両議院は、各々国政に関する調査を行ひ、これに関して、証人の出頭及び証言並びに記録の提出を要求することができる。

第63条 【閣僚の議院出席の権利と義務】

内閣総理大臣その他の国務大臣は、両議院の一に議席を有すると有しないとにかかはらず、何時でも議案について発言するため議院に出席することができる。又、答弁又は説明のため出席を求められたときは、出席しなければならない。

第64条 【弾劾裁判所】

1. 国会は、罷免の訴追を受けた裁判官を裁判するため、両議院の議員で組織する弾劾裁判所を設ける。

2. 弾劾に関する事項は、法律でこれを定める。

第5章　内閣

第65条 【行政権】

行政権は、内閣に属する。

第66条 【内閣の組織、国会に対する連帯責任】

1. 内閣は、法律の定めるところにより、その首長たる内閣総理大臣及びその他の国務大臣でこれを組織する。

2. 内閣総理大臣その他の国務大臣は、文民でなければならない。

3. 内閣は、行政権の行使について、国会に対し連帯して責任を負ふ。

第67条 【内閣総理大臣の指名、衆議院の優越】

1. 内閣総理大臣は、国会議員の中から国会の議決で、これを指名する。この指名は、他のすべての案件に先だつて、これを行ふ。

2. 衆議院と参議院とが異なつた指名の議決をした場合に、法律の定めるところにより、両議院の協議会を開いても意見が一致しないとき、又は衆議院が指名の議決をした後、国会休会中の期間を除いて十日以内に、参議院が、指名の議決をしないときは、衆議院の議決を国会の議決とする。

第68条 【国務大臣の任命及び罷免】

1. 内閣総理大臣は、国務大臣を任命する。但し、その過半数は、国会議員の中から選ばれなければならない。

2. 内閣総理大臣は、任意に国務大臣を罷免することができる。

第69条 【内閣不信任決議の効果】

内閣は、衆議院で不信任の決議案を可決し、又は信任の決議案を否決したときは、十日以内に衆議院が解散されない限り、総辞職をしなければならない。

第70条 【総理の欠缺・新国会の召集と内閣の総辞職】

内閣総理大臣が欠けたとき、又は衆議院議員総選挙の後に初めて国会の召集があつたときは、内閣は、総辞職をしなければならない。

第71条 【総辞職後の内閣】

前二条の場合には、内閣は、あらたに内閣総理大臣が任命されるまで引き続きその職務を行ふ。

第72条 【内閣総理大臣の職務】

内閣総理大臣は、内閣を代表して議案を国会に提出し、一般国務及び外交関係について国会に報告し、並びに行政各部を指揮監督する。

第 73 条 【内閣の職務】

内閣は、他の一般行政事務の外、左の事務を行ふ。

1. 法律を誠実に執行し、国務を総理すること。

2. 外交関係を処理すること。

3. 条約を締結すること。但し、事前に、時宜によつては事後に、国会の承認を経ることを必要とする。

4. 法律の定める基準に従ひ、官吏に関する事務を掌理すること。

5. 予算を作成して国会に提出すること。

6. この憲法及び法律の規定を実施するために、政令を制定すること。但し、政令には、特にその法律の委任がある場合を除いては、罰則を設けることができない。

7. 大赦、特赦、減刑、刑の執行の免除及び復権を決定すること。

第 74 条 【法律・政令の署名】

法律及び政令には、すべて主任の国務大臣が署名し、内閣総理大臣が連署することを必要とする。

第 75 条 【国務大臣の特典】

国務大臣は、その在任中、内閣総理大臣の同意がなければ、訴追されない。但し、これがため、訴追の権利は、害されない。

第 6 章　司法

第 76 条 【司法権・裁判所、特別裁判所の禁止、裁判官の独立】

1. すべて司法権は、最高裁判所及び法律の定めるところにより設置する下級裁判所に属する。

2. 特別裁判所は、これを設置することができない。行政機関は、終審として裁判を行ふことができない。

3. すべて裁判官は、その良心に従ひ独立してその職権を行ひ、この憲法及び法律にのみ拘束される。

第 77 条 【最高裁判所の規則制定権】

1. 最高裁判所は、訴訟に関する手続、弁護士、裁判所の内部規律及び司法事務処理に関する事項について、規則を定める権限を有する。

2. 検察官は、最高裁判所の定める規則に従はなければならない。

3. 最高裁判所は、下級裁判所に関する規則を定める権限を、下級裁判所に委任することができる。

第 78 条 【裁判官の身分の保障】

裁判官は、裁判により、心身の故障のために職務を執ることができないと決定された場合を除いては、公の弾劾によらなければ罷免されない。裁判官の懲戒処分は、行政機関がこれを行ふことはできない。

第 79 条 【最高裁判所の裁判官、国民審査、定年、報酬】

1. 最高裁判所は、その長たる裁判官及び法律の定める員数のその他の裁判官でこれを構成し、その長たる裁判官以外の裁判官は、内閣でこれを任命する。

2. 最高裁判所の裁判官の任命は、その任命後初めて行はれる衆議院議員総選挙の際国民の審査に付し、その後十年を経過した後初めて行はれる衆議院議員総選挙の際更に審査に付し、その後も同様とする。

3. 前項の場合において、投票者の多数が裁判官の罷免を可とするときは、そ

の裁判官は、罷免される。

4. 審査に関する事項は、法律でこれを定める。

5. 最高裁判所の裁判官は、法律の定める年齢に達した時に退官する。

6. 最高裁判所の裁判官は、すべて定期に相当額の報酬を受ける。この報酬は、在任中、これを減額することができない。

第80条 【下級裁判所の裁判官・任期・定年、報酬】

1. 下級裁判所の裁判官は、最高裁判所の指名した者の名簿によつて、内閣でこれを任命する。その裁判官は、任期を十年とし、再任されることができる。但し、法律の定める年齢に達した時には退官する。

2. 下級裁判所の裁判官は、すべて定期に相当額の報酬を受ける。この報酬は、在任中、これを減額することができない。

第81条 【法令審査権と最高裁判所】

最高裁判所は、一切の法律、命令、規則又は処分が憲法に適合するかしないかを決定する権限を有する終審裁判所である。

第82条 【裁判の公開】

1. 裁判の対審及び判決は、公開法廷でこれを行ふ。

2. 裁判所が、裁判官の全員一致で、公の秩序又は善良の風俗を害する虞があると決した場合には、対審は、公開しないでこれを行ふことができる。但し、政治犯罪、出版に関する犯罪又はこの憲法第三章で保障する国民の権利が問題となつてゐる事件の対審は、常にこ

れを公開しなければならない。

第7章　財政

第83条 【財政処理の基本原則】

国の財政を処理する権限は、国会の議決に基いて、これを行使しなければならない。

第84条 【課税】

あらたに租税を課し、又は現行の租税を変更するには、法律又は法律の定める条件によることを必要とする。

第85条 【国費の支出及び国の債務負担】

国費を支出し、又は国が債務を負担するには、国会の議決に基くことを必要とする。

第86条 【予算】

内閣は、毎会計年度の予算を作成し、国会に提出して、その審議を受け議決を経なければならない。

第87条 【予備費】

1. 予見し難い予算の不足に充てるため、国会の議決に基いて予備費を設け、内閣の責任でこれを支出することができる。

2. すべて予備費の支出については、内閣は、事後に国会の承諾を得なければならない。

第88条 【皇室財産・皇室の費用】

すべて皇室財産は、国に属する。すべて皇室の費用は、予算に計上して国会の議決を経なければならない。

第89条 【公の財産の支出又は利用の制限】

公金その他の公の財産は、宗教上の組織若しくは団体の使用、便益若しくは維持のため、又は公の支配に属しない

慈善、教育若しくは博愛の事業に対し、これを支出し、又はその利用に供してはならない。

第90条 【決算検査、会計検査院】

1. 国の収入支出の決算は、すべて毎年会計検査院がこれを検査し、内閣は、次の年度に、その検査報告とともに、これを国会に提出しなければならない。

2. 会計検査院の組織及び権限は、法律でこれを定める。

第91条 【財政状況の報告】

内閣は、国会及び国民に対し、定期に、少くとも毎年一回、国の財政状況について報告しなければならない。

第8章 地方自治

第92条 【地方自治の基本原則】

地方公共団体の組織及び運営に関する事項は、地方自治の本旨に基いて、法律でこれを定める。

第93条 【地方公共団体の機関、その直接選挙】

1. 地方公共団体には、法律の定めるところにより、その議事機関として議会を設置する。

2. 地方公共団体の長、その議会の議員及び法律の定めるその他の吏員は、その地方公共団体の住民が、直接これを選挙する。

第94条 【地方公共団体の権能】

地方公共団体は、その財産を管理し、事務を処理し、及び行政を執行する権能を有し、法律の範囲内で条例を制定することができる。

第95条 【特別法の住民投票】

一の地方公共団体のみに適用される特別法は、法律の定めるところにより、その地方公共団体の住民の投票においてその過半数の同意を得なければ、国会は、これを制定することができない。

第9章 改正

第96条 【改正の手続、その公布】

1. この憲法の改正は、各議院の総議員の三分の二以上の賛成で、国会が、これを発議し、国民に提案してその承認を経なければならない。この承認には、特別の国民投票又は国会の定める選挙の際行はれる投票において、その過半数の賛成を必要とする。

2. 憲法改正について前項の承認を経たときは、天皇は、国民の名で、この憲法と一体を成すものとして、直ちにこれを公布する。

第10章 最高法規

第97条 【基本的人権の本質】

この憲法が日本国民に保障する基本的人権は、人類の多年にわたる自由獲得の努力の成果であつて、これらの権利は、過去幾多の試錬に堪へ、現在及び将来の国民に対し、侵すことのできない永久の権利として信託されたものである。

第98条 【最高法規、条約及び国際法規の遵守】

1. この憲法は、国の最高法規であつて、その条規に反する法律、命令、詔勅及び国務に関するその他の行為の全部又は一部は、その効力を有しない。

2. 日本国が締結した条約及び確立された国際法規は、これを誠実に遵守する

ことを必要とする。

第99条 【憲法尊重擁護の義務】
　天皇又は摂政及び国務大臣、国会議員、裁判官その他の公務員は、この憲法を尊重し擁護する義務を負ふ。

第11章　補則

第100条 【憲法施行期日、準備手続】
　1. この憲法は、公布の日から起算して六箇月を経過した日から、これを施行する。
　2. この憲法を施行するために必要な法律の制定、参議院議員の選挙及び国会召集の手続並びにこの憲法を施行するために必要な準備手続は、前項の期日よりも前に、これを行ふことができる。

第101条 【経過規定・参議院未成立の間の国会】
　この憲法施行の際、参議院がまだ成立してゐないときは、その成立するまでの間、衆議院は、国会としての権限を行ふ。

第102条 【同前・第一期の参議院議員の任期】
　この憲法による第一期の参議院議員のうち、その半数の者の任期は、これを三年とする。その議員は、法律の定めるところにより、これを定める。

第103条 【同前・公務員の地位】
　この憲法施行の際現に在職する国務大臣、衆議院議員及び裁判官並びにその他の公務員で、その地位に相応する地位がこの憲法で認められてゐる者は、法律で特別の定をした場合を除いては、この憲法施行のため、当然にはその地位を失ふことはない。但し、この憲法

によつて、後任者が選挙又は任命されたときは、当然その地位を失ふ。

高卒認定ワークブック　新課程対応版
公共

2023 年　8 月 18 日　初版　　第 1 刷発行
2024 年　5 月 14 日　初版　　第 2 刷発行

編　集：J-出版編集部
制　作：J-Web School
発　行：J-出版
　　　　〒 112-0002 東京都文京区小石川 2-3-4 第一川田ビル　TEL 03-5800-0552
　　　　J-出版.Net　http://www.j-publish.net/

本書の一部または全部について、個人で使用する以外、許可なく転載または複製することを禁じます。
この本についてのご質問・ご要望は次のところへお願いいたします。
＊企画・編集内容に関することは、J-出版編集部（03-5800-0522）
＊在庫・不良品（乱丁・落丁等）に関することは、J-出版（03-5800-0552）
＊定価はカバーに記載してあります。